ÉTUDES
SUR
MOLIERE.

LVTETIÆ PARISIORVM,
Ex officina Elzeviriana Rediviva. A.º 1877.

ETUDES SUR MOLIERE

LE TARTUFFE

PAR ORDRE

DE

LOUIS XIV

Le véritable prototype de l'Imposteur
Recherches nouvelles

PIÈCES INÉDITES

Publiées par

LOUIS LACOUR

PARIS

A. CLAUDIN, ÉDITEUR

3, Rue Guénégaud, 3

M.D.CCC.LXXVII

A M. PAUL LACROIX

(Bibliophile Jacob)

 ous *les admirateurs de Molière vous doivent reconnaissance pour les travaux que vous avez consacrés à leur* IDOLE.

C'est au tour du plus humble de venir, confiant dans une ancienne amitié, vous prier d'accepter son tribut.

Puissent ces pages intéresser l'éminent écrivain qui le premier, par ses recherches, a placé la biographie du poëte en un sillon lumineux et popularisé en vérité ce nom divin de

MOLIÈRE

EXPLICATION

DE L'ESTAMPE

—

L A gravure allégorique du titre est la reproduction de l'estampe qui se trouve placée en tête du Molière publié par les Elsevier sous la rubrique d'*Amsterdam, Jacques le Jeune (A la Sphère),* 1675, dans le format petit in-12. En voici, selon nous, l'explication. Un Hercule sous la forme d'un Satyre figurant la puissance de la satire, terrasse l'Hypocrisie représentée par une femme à laquelle il arrache son masque et qu'il étrille en lui cardant la chevelure comme les palefreniers font le poil aux chevaux.

Il y a un proverbe d'Oudin qui dit : « *Vous battez le soufflet, vous serez mal chauffé.* »

C'est ce que semble exprimer le principal acteur
à droite : vous étrillez l'Hypocrisie, vous ne la
vaincrez pas. Celle-ci, forte encore, montre des
bras vigoureux, elle se relèvera et luttera de
nouveau contre la Vérité. Sa fiole aux onguents
est renversée, son brûle-parfums est éteint;
mais elle recouvre et défend une arme dont
elle fera usage bientôt. Le personnage au bâton
qui se préparait peut-être à porter aide à la
Satire, espèce de matamore à toutes fins, com-
prend l'allusion du soufflet et se tient coi.

Derrière, une vieille, en costume monacal,
endoctrine des jeunes gens. Au dessus se lit
l'inscription « *Double bière de Gobelin* » signi-
fiant que les discours de la donneuse d'avis
sont de doubles mensonges. « *Gobelin* » c'est
l'esprit diabolique, le conseiller des mauvaises
heures, très-populaire sous ce nom dans les
Flandres et en Normandie [1].

Sous l'enseigne du cabaret, dans le lointain,
ont lieu d'autres scènes de pugilat. La Mau-

---

[1] Ce mot de *Gobelin* était connu de longs siècles
avant Molière. Il en est fait mention dès le XIIe siècle
par Orderic Vital, moine de Saint-Évroul. Dans son Histoire Ecclésiastique, livre V, en parlant de Saint Tarun,
évêque d'Évreux, ce chroniqueur dit : « *Dæmon quem
de Dianæ fano expulit, adhuc in eadem urbe degit.
Hunc vulgus GOBELINUM appellat.* »

vaise foi et la Vérité paraissent aux prises. Cette dernière est applaudie par des enfants, tandis que certain badaud approuve celle-là, qui prend sa revanche et daube le fouet à la main.

Les spectateurs commentent l'œuvre. L'artiste a dû avoir l'idée de représenter des comédiens. La figure principale entre les deux personnages qui tournent le dos rappelle les traits de Molière.

LE TARTUFFE

PAR

LOUIS XIV

———

RECHERCHES

SUR LE VÉRITABLE AUTEUR
ET SUR
LE PROTOTYPE DE

L'IMPOSTEUR

———

UOIQUE fondée, tout autant que *le Misanthrope* et que *l'Avare*, sur l'étude du cœur humain, aux passions duquel la suite du temps n'apporte que des modifications insensibles, il faut reconnaître dans la comédie de *l'Imposteur* un type moins universel, plus contemporain et spécial à la société dévote de la première moitié du règne de Louis XIV. On s'étonne,

depuis deux siècles que *le Tartuffe* [1] ait pu
être joué en France sous ce prince, roi catho-
lique par excellence, et de tous les rois le
plus soucieux des intérêts de son culte. Les
éditeurs du *Mémorial de Sainte-Hélène* pla-
cent dans la bouche de leur maître des paroles de surprise pour la hardiesse de Molière
et la faiblesse momentanée du Grand Roi. Ce

---

[1] Il faut écrire Tartuffe, par respect pour l'orthographe de Molière, qui est logique. Si « Tartuffe » et
« truffe » ont une même origine, comme on le prétend
avec raison, il n'y a aucun motif pour les écrire dif-
féremment. « *Tartufo* est la contraction de *Tartufolo*,
une truffe » (LITTRÉ).
Le Duchat, dans ses annotations au *Dictionnaire
étymologique de la langue françoise, par Ménage,*
édition de 1750, 2 vol. in-fol., explique avec plus de
développements l'orthographe des deux F. « Je suis
« très-persuadé que le *Tartuffe* de Molière est pris de
« l'italien *tartufolo* qui signifie une *truffle*, ou comme
« on parlot autrefois, *truffe*. Or, comme notre vieux
« mot *truffer* signifie *tromper*, et qu'on a même dit
« *se tromper* de quelqu'un pour *se truffer* de quel-
« qu'un, Molière a appelé *Tartuffe*, un homme trom-
« peur, et aussi difficile à pénétrer que les *truffles* ou
« *truffes*, qu'on ne trouve et qu'on ne découvre qu'avec
« beaucoup de difficulté. Nous avons dit autrefois *tar-
« tuffe* pour *truffe* ou *truffle*; et c'est probablemen
« de ce vieux mot françois que Molière a pris son *Tar-
« tuffe*, dans la signification de *truffeur* ou de trom-
« peur. Le traducteur françois du traité de Platine,

passage est cité souvent[1] : on veut montrer
que le théâtre ne jouit plus aujourd'hui des
libertés qui lui étaient acquises autrefois. Or
il s'en faut de beaucoup qu'on soit dans le
vrai en portant un tel jugement, du moins en
ce qui concerne *le Tartuffe*.

Depuis que la scène française existe, la
censure coexiste à côté d'elle. L'une et l'autre

« intitulé *De honestâ Voluptate*, dans l'un des cha-
« pitres du livre 7, folio M. 62, verso, parle de la
« *truffe* sous le nom de *tartuffe* et il a intitulé *des
« Truffles* ou *Tartuffles*, l'un des chapitres du livre
« 9, fol. M. 84, verso, édition de Paris, 1505. »

L'expression signalée par le Duchat existe encore
aujourd'hui dans le patois du Rouergue. On y emploie
couramment les mots *se truffer* dans le sens de se
moquer.

TARTUFFE est l'orthographe adoptée par Molière
dans l'édition originale de sa pièce, orthographe suivie
dans les plus anciennes éditions de ses œuvres, orthographe suivie encore dans *la Critique du Tartuffe*,
1670, et dans la *Lettre sur la Comédie de l'Imposteur*, 1667. On peut du reste consulter sur cette question la curieuse monographie de M. le docteur Des-
barreaux-Bernard : « De l'orthographe du mot Tartufle.
Paris (Toulouse), 1865. » In-12 de 14 p., tiré à 60
exemplaires numérotés à la presse.

1 « Je n'hésite pas à dire que, si la pièce eût été
faite de mon temps, je n'en aurais pas permis la représentation. » (Edition de 1842, II, p. 48).

sont l'œuvre du prince, et celui auquel on attribue le mot célèbre « l'Etat c'est moi » aurait pu dire beaucoup plus justement encore « le théâtre c'est moi ». La littérature du xviie siècle fut soumise au joug sous lequel tout pliait en France; la satire dramatique principalement ne s'exerçait que contre des ridicules fort bénins, et les audaces philosophiques n'étaient admises que sous les voiles les moins transparents. Si donc, au milieu du silence profond où la comédie laissait les vices sociaux, il s'éleva par hasard une voix que nous trouvons discordante, il faut bien admettre, surtout lorsque cette voix est celle de Molière, et que la scène s'appelle Versailles, que l'œuvre a eu un collaborateur, ou plutôt un premier auteur, et que celui-ci est le Roi[1]. Les raisons qu'on donnera sont pertinentes, et peu de mots suffiront. Mais, pour nous faire comprendre, il est besoin de rappeler quelques dates et les circonstances

[1] Louis XIV se perdait dans les minuties de sa besogne de roi. Il avait la science des « moindres besoins ». « Son esprit, naturellement porté au petit, se plut en toutes sortes de détails. » (Saint-Simon, t. XII, p. 400). « Il régna dans le petit; dans le grand, il ne put y atteindre. » (Fénelon, Télémaque, l. XVIII.)

dans lesquelles *le Tartuffe* parut pour la première fois.

L'habit du *Tartuffe* recouvre un de ces hommes d'affaires (intendants, précepteurs, confidents, comme on voudra) si nombreux au milieu de la cour galante de Louis XIV, et qui, sous couleur de religion, prenaient une grande part au maniement des fortunes dans les familles auxquelles ils s'imposaient. Quantité de ces parasites vivaient grassement aux dépens de leurs dupes, et servaient les intérêts des partis religieux, dont ils recevaient le mot d'ordre. Molière savait que de dignes prêtres remplissaient cette mission, il ne s'est attaqué qu'aux fourbes, qui par le clergé même étaient signalés et conspués[1]. Voici, par

---

[1] C'est la principale différence qui existe entre le héros de Molière et celui de l'Arétin. *Lo Ipocrito* (1542), n'est qu'un fieffé parasite. Il revêt le masque d'hypocrisie pour faire bonne chère et augmenter la somme de ses jouissances. Tartuffe, au contraire, méchant par tempérament, conspire contre le repos et la fortune des niais qui, séduits par son patelinage, le prennent pour un homme de bien. L'Arétin n'osa pas aborder le drame. Heureux de quelques rires, il ne chercha pas à développer dans son *Ipocrito* tant de belles qualités si bien exposées dans ce monologue digne de Tartuffe et de Don Juan : « Qui ne sait feindre ne sait vivre ; la dissimulation est un bouclier qui émousse toutes les

exemple, un conseiller des jeunes ecclésiastiques, dont personne encore n'a relevé les
paroles, et qui nous apporte une aide pré-
cieuse. Ces passages, vu leur date, sont très-
importants pour l'histoire et la défense du
Tartuffe. Ils nous montrent un vénérable pré-
dicateur soutenant avec autorité la thèse que
Molière, deux ans après, développera sur le
théâtre. Les exemples étaient donc assez fréquents de directeurs tombés en faute, pour
que leurs chefs dussent les exhorter à plus
de retenue? Pourquoi Molière n'aurait-il pas
mis à profit un sujet si plein d'actualité, et
qui offrait l'avantage de servir tout ensemble
les intérêts bien entendus de la religion et
de la politique [1]? « Esvitez la conversation
des femmes et mesme des dévotes, dit l'au-

---

armes. Sous des apparences d'humilité, elle change la
religion en astuce et se rend maîtresse des biens, de
l'honneur et de l'esprit des gens... C'est un beau trait
que celui du démon se faisant adorer comme un saint...
Ceux qui me nourrissent je les loue de leurs vertus,
de leur charité... je les rassure sur leurs débauches.
Qui ne se montre ami des vices devient ennemi des
hommes. »

[1] Nous ne parlons pas de la nouvelle tragi-co-
mique de Scarron, intitulée *Les Hypocrites*, où
certain aventurier, nommé « Montufar », joue un

teur dans son « advis aux jeunes prédica-
teurs », ne leur parlez point seul à seule; ces
fréquents entretiens, quoy que couverts de
beaux prétextes, ne sont pour l'ordinaire que
purs amusemens, engeance d'amour propre
et sujets de pensées frivoles qui occupent
l'esprit ou en vous, ou en elles. Si vous
ne vous tenez sur vos gardes, et si vous
n'estes bien sévère à ce sujet, ce sera par
ce moyen que le diable vous fera perdre, ou
la grâce de Dieu, ou la ferveur en son amour,
ou votre réputation, ou tous les trois ensemble. Saint Charles Borromée [1], pour nous
donner exemple, ne vouloit parler à sa propre
sœur, seul à seule, sans tesmoins. »

Ces lignes édifiantes sont tirées de l'ouvrage
intitulé « Le Missionnaire de l'Oratoire, ou
Sermons pour les advents, caresmes et dimanches de l'année, par le Père Le Jeune,

---

rôle analogue à celui de Tartuffe. Le personnage mis
en scène par Scarron et par Molière, signalé par le
Père Le Jeune, se glissait dans la plupart des honnêtes familles à la destinée desquelles présidait un Orgon.

[1] Les Jansénistes tenaient en haute estime les œu-
vres de ce prélat, qui faisaient avec celles de Saint
Augustin les frais de la plupart des citations de Port-
Royal.

dit le Père aveugle, prestre de l'Oratoire de
Jésus [1]. »

Pour mieux préciser le cas qui le chagrine
le bon père en dit plus long et caractérise ses
doléances dans certain sermon où il con-
seille à ses pénitentes de se méfier des *personnes spirituelles,* c'est à dire des ecclésiastiques :

« Qui vous diroit que ces visites, ces entre-
vūes trop fréquentes et trop libres vous
fairont devenir le scandale de la ville, la risée
de vos voisins, la honte de vostre parentage,
le creve cœur de vostre père et mère, la déso-
lation de vostre famille? Peut-estre qu'elles
vous fairont mourir sur un eschaffaut par la
main d'un bourreau? Vous croyriez que ce sont
des menaces en l'air, vous diriez : « J'aymerois
mieux mourir que d'y penser seulement le
moindre mal. Il est si esloigné de m'en parler
que c'est luy-mesme qui m'en voudroit empes-
cher. C'est mon cousin germain, mon beau
frère, mon propre frère; c'est un homme si

---

[1] *A Tolose, par Jean Boude, imprimeur du Roy
et des Estats de Languedoc, près le collége de Foix.*
1662. Avec privilége du Roy et approbation des docteurs (1 vol. in-8° de 950 p.). Inutile de rappeler que
les Oratoriens s'étaient voués à la défense des idées
jansénistes. On s'explique ainsi les succès du P. Le
Jeune en Languedoc.

dévot, *si spirituel,* si estimé de chacun ! » Les
autres pauvres malheureuses qui se sont per-
dues n'avoient-elles pas les mesmes raisons?
Ne tenoient-elles pas les mesmes propos que
vous? Ne se sont-elles pas disposées à leur
ruine par de petits commencemens? Celuy qui
a perdu Hérodias n'estoit-il pas son beau-frère?
Saincte Irene ne fut-elle pas en danger d'estre
perdüe par *un homme spirituel?* Les *Mercures
françois,* les « *Histoires tragiques* » de nostre
temps et des siècles passez, ne sont-elles pas
noircies des exemples de filles et de femmes
qui se sont perdües par des privautez avec
leurs proches parens, leur beau frère, leur
frère, avec *des hommes spirituels* ou qui le
sembloient estre [1]. »

---

[1] Ouvrage cité, p. 471. — Voici, dans le même ordre d'idées, un cas de conscience jugé par le tribunal
ecclésiastique de Montpellier, le 24 août 1659, deux
ans après le départ de Molière. Cet arrêt bizarre nous
renseigne sur les sentiments des rigoristes que la comédie allait opposer à leurs actes, il a sa place dans l'histoire de la morale du Tartuffe : « A été fait cette ins-
tance appuyée sur le 42º chap. de l'Ecclésiaste : *Ini-
quitas viri melior est quam mulier benefaciens.* A
été répondu que cela se doit entendre de la conversation, à cause qu'il y a plus de danger de converser avec
les meilleures femmes qu'avec le plus méchant homme. » (*Registre ms. des cas de conscience résolus*

L'année 1664 marque une époque où les
Jansénistes, forts de l'appui d'un grand nombre de personnages éminents, usaient de toute
leur influence pour propager leurs doctrines,
antipathiques aux idées du clergé qui domi-
nait à la cour. Loin d'avoir déplu à Louis XIV
et à son entourage, la satire des Hypocrites,
déjà si bien réussie par Scarron, semble avoir
été commandée au poète, ou pour le moins
avoir été acceptée avec empressement et
comme une déclaration de guerre aux partisans de la nouvelle doctrine, traitée alors
dans le monde officiel et dans l'Eglise de
« dévotion [1] » et par suite d'hypocrisie.

------

sous l'épiscopat de Bosquet. 1658-1660.) N'est-ce
pas l'occasion de rappeler ce quolibet des docteurs ?
*Scholasticus cum fœmina loquens non præsumitur
dicere pater noster.*

[1] On trouve dans les lettres de madame la princesse
de Conti le véritable sens des mots *dévotion* et *dévot*
à l'époque où Molière irrité par les procédés du prince
se mit en tête de bafouer la fausse religiosité. Ces
mots font partie de la langue conventionnelle du jour
et désignent l'*hypocrisie janséniste* : « Paris, 3 août
1657. Je me servirai du chiffre de milord [le P. de Ciron, fameux janséniste] pour vous mander une nouvelle .. on l'a traité d'hérétique et d'intéressé. On a
fait mille choses contre la *dévotion* et que *les dévots*
avoient leur fin. » (Lettre à cette date dans le recueil
publié en 1875 par M. Ed. de Barthélemy et cité ci-

Les premiers mois de cette année surtout
sont des dates importantes dans l'histoire du
Jansénisme. On doit se rappeler combien la
duchesse de Longueville fit de bruit à l'occasion
de la mort du célèbre père Singlin, et comme
elle affecta de paraître à son enterrement, ce
qui déplut beaucoup au Roi (avril 1664). Ra-

---

après). Il faut insister d'autant plus sur cette définition
qu'elle est la principale cause, par suite de l'ignorance
de l'histoire du mot, du mépris des dévots pour la pièce
de Molière lorsque l'expression eut changé de sens. La
dévotion tournée en ridicule par le poète comique n'é-
tait rien moins que la piété, c'est ce que rappellent encore clairement ces citations de madame Deshou-
lières, contemporaine de Molière et des Conti :

> Mon esprit est blessé
> Du terme de dévot, employé d'ordinaire
> Lorsque d'un hypocrite on parle avec dédain.

La même a dit encore :

> Tout n'est pour les dévots que péché véniel
> Ils sçavent en vertu transformer tous les vices.

La Bruyère donne le même sens aux mots dévot,
dévotion et dévote, mais il sent le besoin de les anno-
ter et met en marge dans la 6e édition que dévotion
sans qualificatif s'entend de la « fausse dévotion, » dévot, de « faux dévot, » et dévote, de la « fausse dévote. »
(*Des Femmes* et *des Jugements*.)

Il est à remarquer que Génin n'a rien dit de ce mot,
qui demandait cependant un long commentaire, son
interprétation contenant, en vérité, l'historique et le
sens de la pièce du Tartuffe.

pin, par qui ces détails nous ont été transmis,
nous dit que la princesse de Conti s'abstint,
et que le roi la félicita d'avoir été « plus
sage ». Le 29 de ce même mois Louis XIV se
rendit au Parlement pour manifester contre
des efforts de jour en jour plus audacieux ; le
chancelier Séguier alors âgé de soixante seize
ans, entra dans les vues du monarque. Sa
harangue dite hardiment, quoique d'une voix
naturellement chevrotante, roula sur « les désordres que les divisions dans l'Église appor-
toient aux États et blâma la conduite des Jansénistes. » (D'ORMESSON, *Journal.*) Molière devait avoir d'autant plus à cœur de combattre
cet esprit de nouveauté, et de se déclarer avec
le Roi[1] contre les Jansénistes, que ses ennemis

---

[1] Louis XIV, aux diverses époques de sa carrière,
ne craignt pas de rompre avec ses amis lorsqu'ils
firent acte de soumission à la nouvelle doctrine. Tous
ceux qui avaient intérêt, dans des vues d'avenir,
à se tenir au courant des idées de la cour connaissaient
l'inimitié de celle-ci contre les idées jansénistes. Depuis peu le jeune Racine, d'abord l'élève puis le pro-
tégé de Port-Royal, avait brisé avec la coterie (témoin
ses lettres satyriques à cette date), lorsqu'il fut assuré
que le prosélytisme ne pouvait le conduire à rien de
bon. — En 1704, Louis XIV refusa d'approuver la réception à l'Académie Française du comte de Tréville à
cause de son attachement à Port-Royal.

personnels les plus acharnés pour le moment appartenaient à ce parti d'opposition. Est-il possible, en effet, d'oublier ce qu'étaient devenus le prince et la princesse de Conti[1], ces anciens protecteurs du comédien[2] ? Les admirateurs et les héros du *Ballet des Incompatibles* ne sont-ils pas, à dix ans de date, les contempteurs du théâtre, des poètes et des artistes, nommément de Molière, leur ex-favori ?

Et à qui est due cette conversion subite, cette chute d'un excès dans l'excès contraire, sinon aux croyants de Port-Royal ? Les hôtes du château de la Grange[3] endoctrinés,

---

[1] Un amour de femme au demeurant. Anne Marie Martinozzi, nièce de Mazarin, n'avait que seize ans lorsqu'elle épousa Conti. Il existe d'elle un certain nombre de lettres qui resteront comme des monuments de sensibilité exquise. Voy. l'édition que M. Ed. de Barthélemy vient de donner et que nous rappelons souvent.

[2] Voyez aux *Preuves*, I.

[3] La Grange des Prés, à Pézenas, domaine favori des Montmorency en Languedoc, après l'exécution du dernier, passa par confiscation dans la maison de Condé et depuis à la famille de Conti. Piganiol exagère beaucoup en classant La Grange parmi les belles demeures du Languedoc. Même en ses jours prospères, La Grange n'eut jamais l'extérieur imposant d'une habitation princière. Les Montmorency avaient mieux

sont aujourd'hui des disciples et de vigoureux soutiens de la cause janséniste. Louis XIV voyait avec de grandes alarmes les pieux travers du prince de Conti et de sa sœur la duchesse de Longueville, ces incorrigibles cousins, qui, las l'un et l'autre des luttes de la politique, terminaient leur carrière en frondeurs religieux. Le roi et le poète se rencontrèrent sur le même terrain, l'un pour peser sur les esprits au nom de la « vraie dévotion » menacée, l'autre pour se venger d'un abandon cruel. Le prince de Conti travaillait à son libelle contre les spectacles et les comédies (imprimé seulement en 1671 [1],

que cela ailleurs. Leur château de Chantilly, notamment, était une merveille en comparaison. Le 26 mars 1738 la Grange presque ruinée fut vendue par le prince de Conti à la province de Languedoc pour servir à l'établissement de casernes. Au commencement du même siècle on avait installé sous le nom de La Grange des Prés, dans quelques-uns des bâtiments, une manufacture de draps qui essaya de vivre et n'y réussit pas. Aujourd'hui les ruines de La Grange rappellent le glorieux souvenir des représentations de Molière pendant les hivers de 1653-1654 et 1655-1656.

[1] *Traité de la comédie et des spectacles selon les traditions de l'Église* (Paris, Louis Billaine, 1671, in-8°). Tout Port-Royal se liguait en un même sentiment Dans cette guerre occulte contre les gens de

mais terminé dès 1658 [1]) au moment où Molière prit la plume[2] pour dessiner son caractère du Tartuffe ; et il est tout naturel de sup-
poser que la vie de ce prince, si corrompu
naguère, devenu tout à coup un raffiné
d'église, ait inspiré tant de vives tirades contre
les trompeurs, qu'ils s'appelassent Tartuffe
ou don Juan [3].

---

théâtre, Molière devait être frappé des premiers. Pas-
cal, antérieurement à Conti avait écrit dans ses *Pensées* (non encore livrées à la presse) : « Tous les
grands divertissements sont dangereux pour la vie
chrétienne; mais entre tous ceux que le monde a in-
ventés, il n'y en a point qui soit plus à craindre que
la comédie. » Vers 1657 le P. de Ciron, directeur spirituel de Conti, avait également composé un ouvrage
contre le théâtre pour diriger l'esprit de son pénitent.

[1] Conti laissait circuler des copies, mais il retoucha
jusqu'à sa mort le texte qui fut imprimé par les soins
de sa veuve.

[2] Molière connaissait si bien cet ouvrage, que sa
préface du *Tartuffe* est consacrée presque tout entière à réfuter les arguments employés par le prince
de Conti pour combattre le comédien poète. Il faut reconnaître que la dissertation de Molière est un chef-
d'œuvre de bon sens et de haute raison; les pensées
les plus élevées, dans un style simple, vigoureux et
digne, font de ce morceau une œuvre capitale, et suf-
firaient pour classer son auteur au premier rang des
écrivains didactiques.

[3] Avant de se métamorphoser en théologien jansé-

Voilà ce qu'il suffit d'indiquer pour expliquer les causes de l'appui intéressé accordé par
la royauté au poète comique, et combattre

---

niste, Conti avait tracé « La carte géographique de la
Cour » autrement dite « Description du pays de Braquerie », fantaisie plus que légère, achevée pendant
l'hiver de 1654-1655, au milieu des pires dévergondages. (On sait qu'à l'époque de son mariage, puni
de sa luxure par un mal incurable, il avait été
assez corrompu pour en transmettre le virus à
sa jeune femme.) Le 29 décembre il écrivait de
Montpellier à Bussy-Rabutin : « Mandez-moi toutes
sortes de nouvelles, et lorsque vous aurez fait revue
de Braquerie écrivez-moi la force de ce corps-là ;
car je ne doute pas qu'il augmente tous les jours. »
— « Par le mot de « Braquerie », ajoute Bussy, le prince entendoit parler des dames qui étoient galantes et il en parloit comme d'un pays dont il avoit
même fait une carte. » Et sait-on par quel nom de
femme Conti terminait sa liste obscène? par celui de
l'énergique compagne de ses luttes, hier l'héroïne de
la Guienne, sa sœur : « Longueville, disait-il, est une
ville grande et assez belle. Il y a eu quatre gouverneurs, dont les uns étoient les premiers princes du
pays (*Il se désignait lui-même dans le nombre*), les
autres des plus qualifiés seigneurs après ceux-là, dont
l'un a failly perdre sa place pour de l'infanterie qu'il y
avoit jetté hors de temps (*une grossesse clandestine*),
qui a fort endommagé la ville. Elle se gouverne à présent elle-même (*allusion à sa conversion*) et s'est
tellement fortifiée qu'il n'y a point d'ennemis si forts
qui osent en faire l'attaque. » (Tallemant, *Historiettes*,

dans l'esprit des lecteurs un étonnement par
trop naïf [1].

Les circonstances qui accompagnèrent la
représentation première du *Tartuffe* ne per-
mettent pas de douter que cet ouvrage n'ait
été connu, apprécié, commandé même par le
Roi, et que celui-ci ne désirât frapper un grand
coup en produisant avec tant de solennité ce
type d'un hypocrite consommé.

Du reste, Molière s'est chargé, fort clairement à notre avis, de nous dire quelles sont

Ed. Paulin-Pâris, in-8°, IV, p. 517 à 538.) Plus tard
la Carte de la Cour parut sous le nom de Bussy-
Rabutin, l'ami du prince. L'édition sous la rubrique
de *Cologne, P. Marteau*, 1668, petit in-12, publiée
en Hollande, contient une préface où la vérité est
déclarée et où l'on fait dire expressément à Bussy que
l'ouvrage est de la composition du prince de Conti.

[1] Quoi, Molière aurait fait dans le *Tartuffe* une
satire contre la religion ! Louis XIV ne s'entendait-il
pas assez bien à juger de ces sortes de choses ? L'histoire détaillée de son règne ne nous apprend-elle pas
qu'il ne dévia jamais, et que des premiers jours jusqu'aux derniers toute interprétation maligne des
livres et des lois de l'église, toute rébellion contre ses
commandements fut punie avec la dernière rigueur ?
Si Molière avait bravé son roi, on sait que la Bastille,
Pignerol, les galères ou l'échafaud eussent été sa ré-
compense. L'aventure toute récente de Fouquet le tenait renseigné sur les conséquences d'une disgrâce.

les « impostures » religieuses et les « impos-
teurs » qu'il a voulu atteindre sous le masque du Tartuffe. Ces phrases des deux premiers placets et de la préface ne laissent
aucun doute :

« Si l'emploi de la comédie est de corriger
les vices des hommes, je ne vois pas par quelle
raison il y en aura de privilégiés. Celui-ci
est, *dans l'État,* d'une conséquence bien plus
dangereuse que tous les autres. » (*Préface.*)
— Evidemment le poète fait de l'hypocrisie un
crime d'État, parce qu'elle est devenue une
doctrine et que ses partisans s'appellent
légion. Il avoue avoir fait une pièce qui met
en vue, comme il faut, « les grimaces étu-
diées de *ces gens de bien à outrance,* toutes
les friponneries couvertes de ces faux mon-
noyeurs en dévotion, qui veulent attraper les
hommes avec un zèle contrefait et une charité sophistique. » (*Premier placet.*) Il parle
des changements qu'il a apportés lors de la
représentation publique. « En vain j'ai dé-
guisé le personnage sous l'ajustement d'un
homme du monde; j'ai eu beau retrancher
avec soin tout ce que j'ai jugé capable de
fournir l'ombre d'un prétexte aux *célèbres
originaux* du portrait, tout cela n'a de rien
servi. » (*Deuxième placet.*)

Les « célèbres originaux », ce ne pouvait
être que les novateurs dont toute la France
s'occupait, sur lesquels l'Église lançait ses
foudres, que les parlements condamnaient
(quelquefois, il est vrai, à contre-cœur), et
avec lesquels Molière avait naguère eu maille
à partir pour avoir attaqué les maximes d'é-
ducation qui leur étaient chères. « La Guide
des Pécheurs », que Sganarelle avait si plai-
samment traitée de « bon livre », dans
l'*Ecole des Femmes*, tenait la place d'honneur sur les rayons de la bibliothèque
janséniste.

Dans le parti opposé à Port-Royal, quels
esprits distingués cite-t-on qui aient pris
parti contre Molière ? Tout l'épiscopat approuve ou reste muet. Bossuet, autant
qu'homme de France au courant des idées de
la cour, vient-il protester ? — Il ne s'élèvera
contre le comédien que plus de dix ans après
sa mort, lorsqu'une révolution aura modifié
pleinement les idées reçues en 1664. Un seul
orateur, Bourdaloue, prend la parole contre Tartuffe ; mais il s'en repent peut-être aussitôt, à
en juger par les accents émus que sa protesta-
tion arrache à Molière incompris. On lit dans
la *Préface* : « Je me soucierois fort peu de
tout ce qu'ils peuvent dire, n'étoit l'artifice

qu'ils ont de me faire des ennemis que je
respecte, et de jeter dans leur parti de *véritables gens de bien* [1] *dont ils préviennent la bonne
foi*, et qui, par la chaleur qu'ils ont pour les
intérêts du ciel, sont faciles à recevoir les
impressions qu'on veut leur donner. Voilà ce
qui m'oblige à me défendre. »

La parole de Bourdaloue n'eut pas d'écho.
Il est prouvé qu'en cette circonstance il
n'obtint ni l'approbation ni l'appui de son
ordre.

Mieux inspiré, peu auparavant, certain
Jésuite adressait à Molière un panégyrique en

---

[1] Les « gens de bien » ne peuvent être que les Jésuites, qui avaient leurs grandes entrées à la Cour, et
à qui l'éducation de la jeunesse et la direction des con-
sciences incombaient alors partout. Bourdaloue fut leur
orateur le plus éminent, et, comme Molière, il com-
battit, au gré du roi, la faction janséniste. Pour l'ex-
cuser en ce qui regarde son attaque contre le *Tartuffe*
on peut dire qu'il ne l'avait pas lu puisqu'il dit qu'on
donne « à un hypocrite imaginaire le visage d'un pénitent. » Cependant l'auteur, dans son second placet,
avait pris soin de répondre en ces termes à la critique
des personnes circonvenues : « Je ne doute pas que les
gens que je peins ne jettent dans leur parti, comme ils
l'ont déjà fait, *de véritables gens de bien*, qui sont
d'autant plus prompts à se laisser tromper qu'ils jugent
d'autrui par eux-mêmes. »

Un instant Molière dut soupçonner Bourdaloue de

vers latins, morceau le plus complet de critique louangeuse que celui-ci ait pu lire. Cet
écrit expose suffisamment bien les motifs de
l'admiration et du respect que les Jésuites pro-
fessaient pour l'auteur du Tartuffe. Ils se
sentaient en lui près du Roi un défenseur et
un protecteur.

La pièce est autographe et accompagnait
un exemplaire de l'ouvrage de son auteur, le

---

l'avoir pris, non pour un osé libelliste, mais pour un
niais, tant le défaut d'observation caractérisait le poète
accusé d'avoir tiré l'Imposteur du corps des Jésuites.
Lorsqu'on possède une fortune colossale, et les privi-
léges que nous venons de dire, on ne compromet pas
tout cela à organiser de misérables petites filouteries
capables de vous perdre à jamais sous un prince « ennemi de la fraude », dont la puissance est illimitée.
Aucun trait de la comédie, si l'on réfléchit bien, ne
peut s'appliquer aux Jésuites de 1664. C'étaient des
rois, pourquoi, je vous prie, auraient-ils rampé ? des
Crésus, n'avaient-ils pas un bien meilleur emploi à
faire de leur temps qu'à organiser des traquenards à
bourgeois. Tête haute, face réjouie, morale aisée, ils
ne demandaient qu'une dévotion très-simple. Hors des
lieux de culte ils n'étaient pas confits dans les béati-
tudes. Les Jansénistes au contraire suaient les para-
boles et la grâce : ils ne parlaient que des chemins
d'en haut et des joies ineffables. Avec une mine sour-
noise et des yeux de cafard, le premier Tartuffe venu
mettait bientôt une main sur la clé de leurs coffres et
l'autre sur le fichu d'Elmire.

P. Jear. Maury : *Theatrum universæ·vanitatis.*
(Paris, Billaine, 1664, in-12.) Nous citons les
principaux passages d'une traduction faite par
M. Édouard Thierry [1].

« Illustre Molière, prince du théâtre comique,
toi qui, sur la scène, au milieu des applaudissements, nous donnes à bafouer les ridicules
de l'homme, toi qui, par tes saillies et le bril-
lant de ton jeu, auteur et acteur à la fois, fais
la censure de nos sottises; toi, le sommet et
le dernier terme de l'art amusant, accepte-
le, il n'est pas à dédaigner, cet enfant de ma
muse... Tu trouveras dans mon travail plus
d'un rapport avec le tien. Et moi aussi, à la
première page de mon livre, j'écris *Théâtre,*
comme toi...

« Par quel autre don pourrait s'acquitter
ma reconnaissance, après les admirables
spectacles que tu nous offres sur la scène?
Chaque fois que je les ai vus je suis rentré
chez moi plus gai et meilleur, tant tu as l'art
de mêler le sérieux au badin, l'agréable à l'u-
tile, d'enseigner la règle du bien, de tracer la

---

[1] Il s'agit d'un document découvert par M. Paul Lacroix et publié cette année-ci dans sa curieuse *Iconographie Moliéresque*, p. 331-336.

ligne de l'honnête, châtiant toujours le vice, et récompensant la vertu.

« Rien de si bon qui ne devienne nuisible, perverti par un mauvais usage : toi aussi, Molière, au milieu du concert de louanges qui se fait autour de toi, tu ne saurais échapper à la malignité des langues; mais n'est-ce pas assez d'avoir pour soi les bons esprits et les juges équitables ? Ce n'est pas la foule des sots qui dispense la gloire. Plaire aux princes du monde, voilà le succès qui passe tout. Toi, *tu plais au Roi lui-même, sa haute faveur en est le témoignage.* Tu charmes au dernier point son oreille délicate, amuses les loisirs qu'il s'accorde, tu le délasses de ses soins par tes soins, par ces divertissements qui sont ton labeur et ta peine. O Dieux! ce seul poids dans la balance, comme il emporte le reste!

« Que dirai-je enfin? En haut, en bas, au milieu, tu plais à toutes les classes, tant ton génie se rend souple et divers, large et profond, selon qu'il lui plaît, tant il a le don de s'ajuster et d'agréer à tous les goûts.

« On est avide de t'entendre et de te lire. Tout le monde t'a dans la main ou dans la poche. *Si l'on te ferme la porte, ce n'est que chez ceux qui ne te connaissent pas,* qui par prévention se refusent à te connaître, qui ont en haine et en horreur jusqu'au nom de la comédie.

« Le vrai, dans sa nudité, n'étant pas un mets que supporte tout le monde, tu sais y ajouter l'assaisonnement et le sel. Ton badinage est celui des honnêtes gens. Loin de toi les grossières équivoques! la plaisanterie entre claire et limpide dans les oreilles raffinées, et c'est ainsi que, avec une mesure parfaite, tu réalises ce grand point d'allier la vérité mordante à la sagesse aimable. »

Soutenu par le Roi d'une part, applaudi de l'autre par les ennemis des Jansénistes [1],

---

[1] Le cas du P. Maury n'est pas isolé. A la mort de Molière, plusieurs Jésuites, entre autres les PP. Vavasseur, Rapin et Bouhours, consacrèrent à sa mémoire des pièces de vers sous forme d'épitaphes. Ce dernier, que rien ne pouvait tromper sans doute au sujet des origines du *Tartuffe*, y fit allusion dans ces deux vers :

Ta muse, en jouant l'hypocrite,
A redressé les faux dévots.

C'était un hommage à l'ancien élève du collége de Clermont en même temps qu'au poète.

Tandis qu'au courant du dix-septième siècle les Jansénistes poursuivaient Molière de leurs rancunes, les Jésuites l'honoraient encore, faisant même jouer ses œuvres jusque dans la chapelle de leurs institutions. En 1728, Belzunce, évêque de Marseille, ayant attaqué

Molière se flattait de réussir dans sa nouvelle
campagne.

On connaît la série de fêtes organisées par
Louis XIV à Versailles sous le titre de « *Les
Plaisirs de l'Ile enchantée.* » Ces divertissements commencèrent le 7 pour finir le 14 mai
1664. Un courtisan, le duc de Saint-Aignan,
avait tracé la composition générale de ces
spectacles grandioses. Molière fut son principal collaborateur : il donna, pour la seconde
journée sa « *Princesse d'Elide* », et pour la
sixième (12 mai), les trois premiers actes du
Tartuffe.

---

dans un mandement différents ouvrages répandus par
MM. de Port-Royal, Colbert, évêque de Montpellier,
l'un des pères de l'église janséniste, répliqua en ces
termes : « Plût à Dieu que les Jésuites fussent aussi
scrupuleux que les PP. de l'Oratoire de Marseille dans
le choix qu'ils font des livres qu'ils distribuent à leurs
écoliers pour prix de leurs études ! Nous en avons
quelques-uns entre les mains, signés du préfet de leur
collége et marqués aux armes de la ville, dans lesquels
il serait difficile de trouver des maximes saintes : les
tragédies de Racine, *les comédies de Molière*, les
poésies de Rousseau... voilà les livres que les Jésuites
mettent entre les mains de vos enfants ! » Les Protestants ne faisaient pas chorus avec les Jansénistes. Dans
notre préface du *Misanthrope* (Editions originales),
nous avons cité un éloge de Molière par un Réformé.

Voici une autre pièce de vers que nous venons de dé

On ne sait point au juste si le Tartuffe
était alors terminé, ou si Molière et le Roi
s'entendirent pour n'en faire connaître que le
commencement, qui constituait la partie comique de cette tragi-comédie. Il suffisait au monarque de jeter le ridicule sur ceux qu'il voulait atteindre, dans l'espoir, sans doute, qu'ils
comprendraient à demi-mot.

Il fut temps de produire les deux derniers
actes, lorsque les gens auxquels s'adressait
l'œuvre eurent montré leur entêtement et leur
vitalité.

---

couvrir. Roudil, poète languedocien et huguenot, contemporain de Molière, a laissé ce dizain inédit :

*Madrigal sur la mort de Molière, illustre poète
et comédien, décédé en carnaval 1673, deux heures
après avoir représenté son* Malade imaginaire.

Chante tant qu'on voudra ces illustres acteurs
    Qui faisoyent l'honneur du théâtre
    De Molieres vient de rabatre
    Tout ce qu'en disent les autheurs,
Aujourd'hui c'est fort peu de jouer bien son rolle
    Puis qu'on voit ce fin drosle
Faire plus que ne fit jamais aucun bouffon ;
    Car c'un malade imaginaire
    Il en fait un mort tout de bon :
    Dites-moy, se peut-il mieux faire ?

(Roudil, *Las obros mescladissos d'un baron de Ca-
ravetos.* Mss.)

Lorsque la pièce parut en entier, son dénouement indiqua aux esprits trop rebelles à saisir les allusions à quels nouveaux et plus sûrs moyens aurait recours l'autorité royale si l'on continuait à la narguer en ce qui concernait l'unité religieuse. Monsieur l'exempt s'empare du Tartuffe et le conduit

> Dans la prison qu'on doit lui donner pour demeure.

Telle fut, sous le Grand Roi, la fin de tous les schismes; tel devait se présenter le dénouement de la comédie. Vingt ans après Mme de Guyon, pour l'avoir oublié, alla expier, après maints avis, son endurcissement dans le Quiétisme, par un dur emprisonnement; et son directeur paya la même révolte par onze années de promenades dans toutes les forteresses du nord et du midi, et la mort d'un fou furieux. (Le P. La Combe, emprisonné en 1687, mourut en 1698.)

Aussitôt la pièce jouée la « cabale [1] » se mit en campagne pour arrêter la représentation publique. Au nombre des poursuivants les plus actifs de cette interdiction, il faut citer un certain Pierre Roullé, curé de Saint-Barthé-

---

[1] Par l'expression cabale on désignait les Jansénistes. La Bruyère l'emploie encore dans ce sens. (*Caractères*, éd. Servois, in-8°, I, p. 58 et 427.)

lemy à Paris, qui était sans doute l'un des agents du prince de Conti [1] et de l'abbé Roquette, son confident, que les intimes de la cour montraient au doigt comme le prototype du Tartuffe.

Le roi quitta Versailles, le 14 mai, pour se rendre à Fontainebleau. Dès ce moment les ennemis de Molière étaient arrivés à leurs fins, car la *Gazette* annonça, trois jours après, la mise à l'index dont la comédie avait été frappée, cela dans un langage qui semble être celui de Pierre Roullé : « Ce grand monarque est soigneux de retrancher toutes les semences de division dans l'Église, et aucun de ses prédécesseurs n'en porta jamais plus glorieusement le titre de fils aîné, qu'il soutient par cette délicatesse qu'il témoigne pour tout ce qui la regarde, comme il le fit encore voir naguère par ses défenses de représenter une

---

[1] « Je ne pardonnerai jamais et garderai tout doucement une haine irréconciliable. Je serai le vengeur des intérêts du ciel ; et, sous ce prétexte commode, je pousserai mes ennemis, *je les accuserai d'impiété et saurai déchaîner contre eux* DES ZÉLÉS INDISCRETS, *qui, sans connaissance de cause, crieront en public contre eux, qui les accableront d'injures, et les damneront hautement de leur autorité privée.* » (*Don Juan*, acte V.)

pièce de théâtre intitulée *l'Hypocrite*, que
Sa Majesté, pieusement éclairée en toutes choses, jugea absolument injurieuse à la religion,
et capable de produire de très-dangereux effets. »

Le « grand monarque », si « glorieusement »
loué par la feuille officielle, le fut bien plus
emphatiquement encore quelques jours après,
dans un écrit intitulé : « *Le roi glorieux* au
monde, ou Louis XIV, le plus glorieux de tous
les rois du monde. » Cet opuscule, signé par
notre Pierre Roullé, était un pamphlet san-
glant dirigé contre Molière, qu'il vouait aux
dernières rigueurs de la justice, à cause de sa
comédie [1].

---

[1] Ce libelle n'a qu'un mérite, celui d'attester par
son destin même tout l'intérêt que le roi portait à l'ouvrage décrié. L'auteur de cette sotte production était
docteur de Sorbonne. En avril 1664, il s'occupait de
l'impression d'une rapsodie : *L'Homme glorieux ou la
dernière perfection de l'homme achevée par la
gloire éternelle.* Le privilége est du 24 de ce mois. Le
12 mai, *le Tartuffe* est représenté; aussitôt notre
curé d'augmenter son œuvre d'un chapitre intitulé: *Le
roi glorieux au monde,* sorte de sermon qui sans
doute, avant de paraître sous la forme de livre, fut
débité dans la chaire de Saint-Barthélemy. On vili-
pendait Molière dans les termes les plus grossiers et
les plus injurieux, l'appelant « un démon vestu de
chair et habillé en homme, et le plus signalé impie et
libertin qui fût jamais dans les siècles passés », annon-

L'auteur adressa ce factum à Fontainebleau
au Roi, très-peu de jours probablement après
son arrivée dans cette résidence; car à la date
du 24 mai, Loret, dans sa *Muse historique*, fait
déjà allusion à des démarches de Molière, et
nous traduit les sentiments des « daubeurs ».

> « ... Un quidam m'écrit
> Que le comédien Molière...
> Avoit fait quelque plainte au roi,
> Sans m'expliquer trop bien pourquoi,
> Sinon que sur son *Hypocrite*
> (Pièce, dit-on, de grand mérite
> Et très-fort au gré de la cour),
> Maint censeur daube nuit et jour.
> Afin de repousser l'outrage,
> I a fait coup sur coup voyage,
> Et le bon droit représenté
> De son travail persécuté. »

Le sentiment du Roi avait été tout en faveur

çant, par un trait d'audace rare, que le roi avait dé-
fendu de aire représenter ou imprimer *Tartuffe*, et ce
« sous peine de mort ». Molière obtint le châtiment de
l'odieux calomniateur, et le livre de Roullé, à peine publié, fut arrêté et détruit. — Le successeur de celui-ci,
Pierre Cureau de la Chambre, joua un autre tour à Molière : il se fit admettre à l'Académie française, avec
un vers pour tout bagage, tandis que le poëte attendait
son tour à la porte de cette société. (Signalons la présence à Montpellier, du temps de Molière et particulièrement en 1652, de François Cureau de la Chambre,
du Mans, étudiant en médecine et bientôt docteur, frère
du précédent.)

de Molière; mais les intrigues des Jansénistes, mesdames de Conti et de Longueville en tête, peut-être même des promesses de retour, firent hésiter Louis à rendre publique alors une œuvre dont il attendait de si grands résultats [1].

Nous voyons une trace de ces inquiétudes dans le compte-rendu officiel des Plaisirs de l'Ile enchantée.

Un écrivain anonyme, et dans lequel nous croyons reconnaître le duc de Saint-Aignan, a laissé de ces fêtes une description en style de *Mercure galant*, qui contient de précieux détails sur la première impression que produisit le *Tartuffe*: « *Sixième journée des fêtes de Versailles... Le soir, Sa Majesté fit jouer les trois premiers actes d'une comédie nommée Tartuffe*, que le sieur de Molière avoit faite contre les hypocrites; mais, quoiqu'elle eût été trouvée fort divertissante, le Roi connut tant de conformité entre ceux qu'une véritable dévotion met dans le chemin du ciel et ceux qu'une vaine ostentation de bonnes

---

[1] Le monarque, par amour de la paix dans sa famille, ménagea un peu la princesse de Conti tant que son mari vécut; mais aussitôt qu'il fut mort (21 fév. 1666), le roi fit savoir à la princesse qu'il n'approuvait pas sa conduite religieuse et la traita en disgrâciée.

œuvres n'empêche pas d'en commettre de
mauvaises, que son extrême délicatesse pour
les choses de la religion, ne put souffrir cette
ressemblance du vice avec la vertu, qui pouvaient être pris l'un pour l'autre. Et quoiqu'on ne doutât pas des bonnes intentions de
l'auteur, il la défendit pourtant en public, et
se priva soi-même de ce plaisir pour n'en pas
laisser abuser d'autres moins capables d'en
faire un juste discernement [1]. »

---

[1] Cette description des fêtes de Versailles fut imprimée en 1665, sous ce titre : « *Les plaisirs de l'Ile enchantée* : course de bague ; collation ornée de ma-
chines ; comédie de Molière, de la princesse d'Elide,
meslée de danse et de musique, ballet du palais d'Al-
cine ; feu d'artifice et autres festes galantes et magni-
fiques, faites par le roi à Versailles, le 7 may 1664, et
continuées plusieurs jours. *Paris, chez Robert Ballard, Thomas Jolly, Guillaume de Luyne, et Louis
Billaine* ». Le nom de l'auteur est inconnu. Nous
avons avancé pour la première fois celui du duc de
Saint-Aignan ; M. Paul Lacroix, dans la *Bibliographie
moliéresque*, page 48, dit qu'il fut vendu, en 1811, un
manuscrit de la relation provenant de la bibliothèque
du duc de Noailles, et que sur le titre on lisait ces
mots « par de Bizincourt ». Quoi qu'il en soit, Molière
est le dernier auquel on devrait penser à l'attribuer.
Bret, dans ses commentaires, appelle le rédacteur « un
auteur pusillanime » ; il parle en termes indignés de
cette « annonce », laquelle, dit-il, ne peut être dictée

Mais la cabale eut beau s'agiter, la représentation publique du *Tartuffe* ne subit qu'un retard, et les sentiments d'estime de la Cour envers Molière ne firent que s'accroître au gré des désirs du poète.

Il fut appelé à Fontainebleau, du 21 juillet au 13 août, pour les représentations offertes au légat Chigi (*Registre de La Grange*). On ne lui demanda pas de jouer *Tartuffe*, mais il le lut devant ce prélat et beaucoup d'autres

---

« que par la crainte de déplaire au parti qui s'étoit élevé contre un ouvrage qu'on ne connaissoit qu'à moitié ». M. Paul Lacroix (ouvr. cité, p. 47) est plus affirmatif encore : « La narration ne fut pas rédigée par Molière, comme on l'a cru, ni même avec son agrément ; car le passage relatif à la représentation des trois premiers actes du *Tartuffe*, qui eut lieu à la suite des fêtes, est à peine bienveillant, quoiqu'on y rende justice *aux bonnes intentions de l'auteur* ». Notre surprise n'est que plus grande de voir que M. Campardon continue à attribuer à Molière un écrit auquel il resta si certainement étranger (*Nouvelles pièces sur Molière*, Paris, Berger-Levrault et Cᵢₒ, 1876, in-18, p. 38). M. Campardon, qui s'intéresse au théâtre du xviiᵉ siècle, voudra éclaircir ce détail, et il viendra, nous en avons l'espoir, à une autre conclusion. Nous recueillons dans son ouvage, d'ailleurs excellent, une note inédite, sur le montant des dépenses faites pour les comédiens aux fêtes de l'Ile enchantée. Les frais s'élevèrent en tout à 6,000 livres tournois, dont le tiers pour la bourse personnelle de Molière.

membres éminents de l'Église. Ceux-ci ne
ménagèrent pas un éloge accordé bien plutôt
à la politique de Louis XIV qu'aux écrits d'un
comédien que ces dignitaires, en somme, de-
vaient médiocrement estimer. Toutefois, l'approbation de docteurs si haut placés était la
condamnation de Roullé, et Molière la rendit
publique immédiatement dans un pamphlet
auquel il donna la forme de supplique :
« Votre Majesté a beau dire, et M. le légat et
MM. les prélats ont beau donner leur jugement, ma comédie, sans l'avoir vue, est diabolique ; je suis un démon vêtu de chair et
habillé en homme, un libertin, un impie
digne d'un supplice exemplaire. Ce n'est pas
assez que le feu expie en public mon offense,
j'en serois quitte à trop bon marché : le zèle
charitable de ce galant homme de bien... veut
absolument que je sois damné, c'est une affaire résolue... Les rois éclairés, comme vous,
n'ont pas besoin qu'on leur marque ce qu'on
souhaite ; ils voient, comme Dieu, ce qu'il
nous faut [1]. » (Premier placet.)

---

[1] Ce passage concerne beaucoup moins l'auteur que
l'esprit de sa pièce ; le roi en apprécie la portée, et sait
que la représentation voueroit au ridicule les ennemis
de l'Église.

C'était dire que le moment était opportun pour représenter enfin *le Tartuffe ;* mais l'avis ne prévalut pas encore. La pièce fit, malgré tout, son chemin dans le monde. Molière fut recherché par les principaux grands seigneurs pour donner lecture de son œuvre :

Molière, avec Tartuffe, y doit jouer *son* rôle.

a dit Boileau. — Les princes moins timorés s'offraient la représentation en règle. La Grange nous a conservé à ce sujet, dans son *Registre* et dans l'édition de 1682, quelques dates mémorables.

25 septembre 1664, devant Louis XIV, au château de Villers-Cotterets, pendant une série de fêtes offertes à « Leurs Majestés » par Monsieur, frère du roi, seconde représentation des trois premiers actes.

Le 29 novembre même année, les deux derniers actes du *Tartuffe* sont mis au jour, et la pièce entière est représentée pour le prince de Condé et la famille d'Orléans au château du Raincy.

Une autre représentation identique eut lieu le 8 novembre de l'année suivante, au même lieu et en présence des mêmes spectateurs.

Quelques mois auparavant, Molière, toujours d'accord avec le Roi, était venu à la res-

cousse dans son admirable *don Juan*, autre
face du Tartuffe.

Molière ne perd pas de vue sa vengeance :
les médecins, il les poursuivra jusqu'à la
mort ; après l'abbé Roquette, voici Conti, le
persécuteur détesté.

Car don Juan, c'est Conti. Toute sa longue
carrière apparaît et se joue en scènes vivantes
aux yeux du poète irrité. Quelques jours lui
suffisent pour animer de son souffle ce drame
éclatant de contrastes. Nous nous étonnons
que tant de traits de ressemblance n'aient pas
été signalés jusqu'ici. L'auteur comique frappe
au cœur le traître qui a *déchaîné contre lui*
Roullé, *ce zélé indiscret*. Malgré des défectuo-
sités physiques que Molière avait le droit de
ne pas rappeler et qui de leur ombre viennent
couvrir les allusions, Conti est don Juan par
les succès de toutes sortes que son rang, sa
fortune, son esprit marqué au B, lui ont jadis
procurés : don Juan avec Mme de Calvimont,
Melle de La Roche, la du Parc et tant d'autres;
don Juan, par sa bravoure ; don Juan par son
cynisme qu'il paya si cher ; don Juan par sa
méchanceté : « un grand seigneur méchant
homme est une terrible chose. » *(Don Juan.)*
« La méchanceté en Conti inondoit ses autres
qualités qui n'étoient d'ailleurs que médiocres.»

(De Retz, *Mémoires.)* Don Juan, par la scélé-
ratesse de sa vie publique : « J'ai toléré, ordonné et autorisé des désordres innombrables
et quoique le Roi ait eu la bonté d'oublier...»
(Conti, *Testament.)* « De quel œil pensez-vous
que je puisse voir cet amas d'actions indignes,
cette suite continuelle de mauvaises affaires,
qui nous réduisent à toute heure à lasser les
bontés du souverain. » *(Don Juan.)* Don Juan,
par son athéisme : « Il ne croyait pas trop en
Dieu. » (Mademoiselle, *Mémoires.)* « Le ciel !
Nous nous moquons bien de cela. » *(Don Juan.)*
Don Juan, Conti l'est plus que jamais le jour
de sa conversion subite : « Je ne suis plus le
même d'hier au soir. » *(Don Juan.)* Conti écrivait la « Carte de Braquerie » en décembre 1654
et, peu de mois après, il se métamorphosait en
saint bruyamment. Il sera même don Juan
dans les fureurs et les tortures cuisantes de
l'agonie. Molière la lui a prédite cette fin terrible. Les dernières paroles de don Juan,
Conti devra les prononcer : « O ciel ! que sens-
je ! Un feu invisible me brûle ; je n'en puis plus
et tout mon corps devient un brasier ardent. »

Molière n'a eu qu'à s'inspirer de certains
écrits de ou sur Conti qu'une main indiscrète
lui a peut-être communiqués pour parfaire
son immortelle création. Le dialogue de don

Juan avec son père, c'est Conti lui-même avec
ses confesseurs.

DON JUAN

Oui, vous me voyez
revenu de toutes mes er-
reurs, je ne suis plus le
même d'hier au soir, et
le ciel tout d'un coup a
fait en moi un change-
ment qui va surprendre
tout le monde. Il a tou-
ché mon âme et dessillé
mes yeux; et je regarde
avec horreur le long aveu-
glement où j'ai été, et les
désordres criminels de la
vie que j'ai menée. J'en
repasse dans mon esprit
toutes les abominations,
et m'étonne comme le
ciel les a pu souffrir si
longtemps, et n'a pas
vingt fois sur ma tête
laissé tomber les coups
de sa justice redoutable.
Je vois les grâces que sa
bonté m'a faites en ne me
punissant point de mes
crimes, et je prétends en
profiter comme je dois,
faire éclater aux yeux du
monde un soudain chan-
gement de vie, réparer
par là le scandale de mes
actions passées, et m'ef-
forcer d'en obtenir du Ciel
une pleine rémission.
C'est à quoi je vais tra-

CONTI

Ce n'est plus l'homme
que vous avez connu
qui vous écrit. Mes forces
m'abandonnent, mes yeux
même ont perdu leur
lumière et leur clarté.
Madame de Conti et moi
avons résolu de donner
tous les jours un temps
certain à parler ensemble
des choses de notre sa-
lut... Ce coup qui vient
de frapper le compagnon
d'une partie de mes folies
me fait voir la main de
Dieu m'épargnant misé-
ricordieusement pour me
laisser le temps de faire
pénitence. J'ai désir de
satisfaire à la justice de
Dieu en cette vie pour
tous mes crimes. J'ai
presque toujours ma mi-
sère devant les yeux. On
aurait peine à compren-
dre quelle est la recon-
naissance de mon cœur
pour une telle miséricor-
de. J'envisage tous mes
devoirs et gémis devant
Dieu de mes misères
passées pour obtenir
par des prières ferventes
qu'il me fasse ressentir
les effets de sa miséricor-
de. Je prends enfin tou-
tes les mesures nécessai-
res. Voulant me donner
à Dieu je traite de ce dessein avec M. d'Aleth
(*Pavillon*) et l'oblige de

vailler ; et je vous prie, Monsieur, de vouloir bien contribuer à ce dessein, et de m'aider vous-même à faire choix d'une personne qui me serve de guide, et sous la conduite de qui je puisse marcher sûrement dans le chemin où je m'en vais entrer. (*Don Juan*, acte V, scène I.)

me nommer, sur la demande que je lui en fais, une personne en qui je puisse prendre une entière confiance. (Conti, discours sur sa conversion, par le P. des Champs, lettres du P. de Ciron et *passim* dans la *Princesse de Conti*, de M. de B., 1875, ouvrage cité.)

Certains lettrés qui ont étudié à fond le type du don Juan le trouvent rempli d'invraisemblances ; la conversion ne leur semble pas naturelle : c'est une feinte, un hors-d'œuvre intercalé au dernier moment pour défendre *Tartuffe*. Nous ne sommes pas de cet avis. La pièce envisagée comme mise en scène de l'existence de Conti est merveilleuse d'unité. La conversion a été l'épisode le plus frappant de ce gaspillage d'années[1].

---

1 A plusieurs conjectures et opinions nouvelles contenues dans cet opuscule nous ajouterons celle-ci. On sait que l'ouvrage intitulé : *Observations sur une comédie de Molière intitulée : « le Festin de Pierre »* est attribué à un sieur de Rochemont. Quelques éditions sont signées « B. A., sieur de Rochemont ». A ce nom M. Paul Lacroix (*Bibliogr. moliér.*, 2e édit., p. 263) met la note suivante : « On ne connaît pas le sieur de Rochemont qui est désigné comme *avocat* en

Pour que l'auteur comique puisse traîner
sur les planches ce prince du sang, devant le
« tout Paris » de 1664, pour qu'il puisse lui
faire prononcer des paroles comme les sui-
vantes, *Tartuffe*, complétement achevé, étant
interdit, n'est-il pas visible que de plus
grands intérêts que ceux de Molière sont
atteints par la suppression de l'œuvre ? « Aujourd'hui la profession d'hypocrite a de
merveilleux avantages. C'est un art de qui
l'imposture est toujours respectée, et, quoiqu'on la découvre, on n'ose rien dire contre
elle. Tous les autres vices des hommes
sont exposés à la censure, et chacun a la liberté de les attaquer hautement; mais l'hypocrisie est un vice privilégié, qui de sa main

---

parlement dans le privilége du roi; mais on croit savoir
qu'il était curé d'une des paroisses de Paris. » Pour
nous, dans la conviction que Conti avait dû se reconnaître dans *Don Juan*, nous avons été chercher l'auteur des *Observations* parmi les officiers de la maison
princière et nous avons trouvé, dès 1642, un sieur de
Roquemont, « conseiller du roi, juge et lieutenant principal en la cour royale, châtellenie et comté de Pézenas ». Fut-ce ce personnage qui devint l'avocat de
Conti ? Nous serions disposé à le penser; mais peut-
être ne servit-il que de prête-nom à son noble maître,
caché toutefois sous les lettres B. A., initiales de ces
mots : *Bourbon Armand*, noms du prince de Conti.

ferme la bouche *à tout le monde,* et jouit en
repos d'une impunité *souveraine.* »(*Don Juan,*
acte V.)

Jusqu'en 1667, il n'est plus question du
Tartuffe. Molière, absorbé par d'autres succès, semblait oublier son chef-d'œuvre. Tout
à coup il annonça la représentation publique
de la pièce corrigée. Avant de partir pour la
campagne des Flandres, Louis XIV avait jugé
bon de produire enfin l'*Hypocrite* sous un
nouveau nom et sous un costume moins sévère. Tartuffe, devenu Panulphe, fut joué avec
de légères modifications, le 5 août, et fit une
recette de 1890 livres. Mais les ennemis du
poète veillaient, et le 6, le Parlement, plus
facile à influencer que le monarque et d'ailleurs entaché de jansénisme, intervint et mit
l'embargo sur une seconde représentation[1]. Ce

---

[1] L'opinion de Louis XIV étant manifestement fa-
vorable au *Tartuffe,* le Parlement faisait acte d'indépendance en interdisant cette pièce. L'esprit frondeur
de ce corps judiciaire s'était réfugié dans l'opposition
religieuse. Comme parlementaire janséniste, le premier président de Lamoignon s'efforça de retenir
Tartuffe dans l'obscurité aussi longtemps que possible. Son fils l'avocat général suivit les mêmes tendan-
ces lorsqu'en 1707 il s'employa, dit-on, pour mettre
en lumière le *Légataire universel,* arrêté par la cen-

fut à cette occasion que Molière écrivit son
« *second placet* », qu'il fit porter immédiatement à Louis XIV, au camp devant Lille.
Dans ce nouvel écrit, Molière, qui se sent
soutenu par son auguste collaborateur, garde
le ton de persifflage avec lequel il avait con-
fondu le pauvre Roullé. Même verve et même
dédain de ses ennemis. La lettre n'est pas une
défense ; c'est un réquisitoire acerbe contre

---

sure que les Jésuites influençaient cette fois. M. Edouard
Fournier, parlant de cette mésaventure de Regnard
dans l'édition qu'il vient de donner des œuvres de ce
poète (Paris, Laplace, Sanchez et Cie, 1875, grand
in-8, p. 75 et 76), s'exprime en ces termes : « Il serait curieux que Lamoignon eût mis la main dans
cette affaire et qu'après avoir aidé jadis les Jésuites
contre Tartuffe, il eût aidé le *Légataire* contre les
Jésuites. » Nous cherchons à démontrer qu'au contraire
les Jésuites étaient *pour Tartuffe*, cette satire des Jansénistes, lorsque Lamoignon et le Parlement prirent
en main l'affaire de ceux-ci. Par cette accusation
d'illogisme formulée contre Lamoignon, l'ingénieux
auteur de *l'Esprit des autres* nous fournit la preuve
qu'en 1875 l'histoire du Tartuffe n'avait guère fait de
progrès depuis Voltaire (Dans sa lettre à Richelieu,
datée du 27 septembre 1769, il dit : *Tartuffe était
une satire de la morale des Jésuites.*)— Remarquons
par surcroît que le Lamoignon du *Tartuffe*, premier
président du Parlement, mourut peu après Molière et
que le Lamoignon de Regnard, avocat général, était
le fils du précédent.

les « célèbres originaux du portrait », et « la
cabale ». — « Tout ce que j'ai pu faire pour
me sauver de l'éclat de cette tempête, c'est de
dire que Votre Majesté avoit eu la bonté de
m'en permettre la représentation et que je
n'avois pas cru qu'il fût besoin de demander
cette permission à d'autres, puisqu'il n'y
avoit qu'elle seule qui me l'eût défendue. »

Molière ajoute qu'il a changé le nom et l'habit de son hypocrite, dont il a fait un homme
du meilleur ton, vêtu dans le dernier genre.
Pour commenter cette phrase, on a conclu
que Molière avait enlevé à son héros la robe
ecclésiastique, sous laquelle il s'était produit
en 1664 [1]. C'est une erreur : jamais Tartuffe,
on peut l'affirmer, Tartuffe qui ne prononce

---

[1] La remarque est d'Auger et elle a été rapportée
de nouveau par l'auteur de l'édition parue en 1864 chez
Garnier frères à Paris. Cependant on avait fait justice
au XVIIIe siècle de ces conjectures qui ne supportent pas
l'examen. « Nous ignorons pourquoi les comédiens, dit
Bret dans son avertissement, ont préféré depuis de
montrer le *Tartuffe* sous une décoration qui le rap-
proche beaucoup de l'application que vouloit éloigner
Louis le Grand et que Molière avait cherché à éviter,
puisqu'il le faisoit regarder par Orgon comme devant
être son gendre. » Gigli, qui a traduit le *Tartuffe* en
italien (1711), dit qu'il ne faut pas croire que le personnage du faux dévot soit de l'état ecclésiastique.

pas un seul mot emprunté à la langue tech-
nique des sacristies, n'affecta l'extérieur d'un
prêtre. Une telle supposition est inadmis-
sible. Molière avait dû donner à son héros
un costume noir ou marron, mais bien
laïque ; il portait le pourpoint prétentieuse-
ment sombre que les partisans de Port-Royal
avaient adopté. Panulphe étincelait sous·les
dentelles ; Tartuffe se refusait toutes sortes d'ornements. Les bibliophiles connaissent bien la
mode austère à laquelle nous faisons allusion,
car ils en ont gardé le souvenir dans cette re-
liure préférée qu'ils nomment « janséniste ».

La cabale avait mieux fait que d'obtenir
l'interdiction de la pièce ; elle avait intéressé
à son sort l'archevêque de Paris, qui sur ces
entrefaites lança l'anathème contre le poète
et son œuvre, dans une ordonnance devenue
historique. (Ordonnance de Monseigneur
l'archevêque de Paris. De l'imprimerie de
François Muguet, imprimeur ordinaire du
roy et de Monseigneur l'archevêque de Paris.
Affiche in-f°, 11 août 1667). Cette ordonnance
est de Hardouin de Péréfixe, archevêque de
Paris du 30 juillet 1662 au 1er janvier 1671 [1].

---

[1] Par une inattention remarquable, M. Génin attribue la direction des persécutions du clergé de Paris

Péréfixe, par ce mandement, avait voulu faire sans doute une avance à Port-Royal, avec lequel il souffrait d'être en froid depuis 1664. Naturellement conciliant, Péréfixe, qui avait été obligé en cette dernière année de se prononcer pour les Jésuites contre les Jansénistes, faisait, en attaquant Molière, une dé-

---

contre Molière au prélat « Harlay de Champvallon » ; celui-ci ne gouverna pas le diocèse de Paris avant 1671. (Voy. *Lexique comparé de la langue de Molière*. Paris, Didot, 1846, in-8º, pag. xxxv). — Cette opinion de M. Génin est d'autant plus singulière que Harlay, qui prononça devant Chigi la harangue de réception en 1664, dut être un des prélats dont Molière s'enorgueillit d'avoir reçu l'approbation.

Molière ne se contenta pas d'écrire au Roi, il alla trouver Lamoignon avec Despréaux. Le magistrat l'invita à attendre le retour du Roi et termina la conversation par cette phrase de Tartuffe (il l'était jusqu'au bout des ongles) : « Monsieur, vous voyez qu'il est près de midi, je manquerais la messe si je m'arrêtois plus longtemps. » Brossette qui nous a transmis cette anecdote dans ses *Mémoires sur Despréaux*, ajoute : « Toute la mauvaise humeur de Molière retomba sur Mgr l'archevêque, qu'il regardoit comme le chef de la cabale des *dévots*, qui lui était contraire. » Nous n'admettons pas cette dernière observation, les vrais sentiments de Péréfixe au sujet des Jansénistes étant assez connus de tout le monde et surtout de Molière.

marche dont il savait que Mme de Longueville lui saurait gré[1].

Cependant l'heure du triomphe approchait. Le grand Condé, revenu vainqueur de la Franche-Comté, voulut une fois encore entendre *Tartuffe*. Il le fit jouer à ses fêtes de Chantilly, devant le duc d'Orléans et Mme la duchesse Henriette, le 20 septembre 1668.

A la fin du même mois, les troubles suscités par le formulaire furent interrompus par le bref ce Clément IX; les partis religieux entrèrent pour quelque temps dans cette période de calme connue sous le nom prétentieux de paix de l'Église.

Heureux dans sa lutte ouverte contre les Réformés, Louis XIV avait vu avec joie, dans cette même année, la conversion de Turenne: il ne redoutait plus d'obstacles à la suppression des chambres de l'Édit, dernière garantie judiciaire sérieuse des Protestants. Ce fut le moment qu'il choisit pour aplanir les derniers obstacles à son allié. L'*Hypocrite*, re-

---

[1] Péréfixe avait été nommé spécialement pour combattre les Jansénistes. C'est à cette fin qu'il avait publié son ordonnance du 7 juin 1664, relative au Formulaire, ordonnance qui souleva une si grande tempête dans Port-Royal, et obligea l'archevêque à redoubler de rigueurs contre les religieuses de cet ordre.

devenu *Tartuffe*, fit enfin son apparition au
théâtre du Palais-Royal.

Si le Roi revient définitivement sur ses défenses passées, s'il se laisse aller à autoriser
la représentation du *Tartuffe*, c'est que le
parti janséniste, malgré sa prétendue soumission, reste sourd à toutes les menaces, à
toutes les sévérités du pouvoir et se montre
intraitable. Les duchesses de Longueville, de
Conti et de Liancourt, Arnauld, Nicole, etc.,
se sont comme ligués pour contrecarrer l'autorité du Roi. Celui-ci a beau répéter les aver-
tissements, on le brave jusque dans son palais, et l'évêque d'Alet, conseiller des « mères
de l'Église [1] » continue la lutte en faisant
réimprimer son rituel, naguère frappé par
Rome [2].

---

[1] C'est l'image spirituelle employée par Mme de
Sévigné, dans sa lettre du 18 mars 1671, pour dési-
gner les deux belles-sœurs, Mmes de Longueville et de
Conti.

[2] Est-il nécessaire de rappeler, en dehors des circonstances qui se rapportent directement au *Tartuffe*,
de quels égards l'auteur fut entouré par le Roi, dans
toute la famille royale et chez les intimes des petits le-
vers pendant la période qui sépara la représentation de
Versailles en 1664 de celle de Paris en 1669. Poquelin
produisit pendant cet intervalle plusieurs ouvrages qui
reçurent de la Cour un accueil très-favorable ; ses dé-

La mémorable soirée du 5 février 1669 fut
immédiatement célébrée par le continuateur
de la *Muse* de Loret :

> On vit, en riant à tous coups,
> Ce Tartuffe, cet hypocrite,
> Lecuel faisant la chattemitte,
> Sous un masque de piété
> Déguise sa malignité,
> Et trompe ainsi, séduit, abuse
> Le simple, la dupe, la buse.
> Ce Molière, par son pinceau,

---

penses et ses honoraires furent payés avec largesse ;
Louis XIV prit à son service la troupe de Molière qui
jusqu'alors avait *appartenu* à son frère, etc. etc.
Molière ne figure même sur les listes de gratification
qu'à partir de l'année où *le Tartuffe* fut représenté
pour la première fois. Voici ce qu'à son nom con-
tiennent ces listes de 1664 à 1669.

1664. Au sieur Molière, la somme de 600 livres
que sa Majesté lui a ordonné pour gratification   600

1665. Au sieur Molière, pour gratification
et pour lui donner moyen de continuer son application aux belles-lettres.   1000

1666. Au sieur Molière.   1000

1667. Au sieur Molière, par gratification. .   1000

1668. Au sieur Molière, par gratification,
en considération de son application aux belles-
lettres.   1000

1669. Au sieur Molière, en considération de
son application aux belles-lettres et des pièces
de théâtre qu'il donne au public.   1000

(Pierre Clément, *Lettres de Colbert*, t. V.)

En a fait le parlant tableau
Avec tant d'art, tant de justesse,
Et, bref, tant de délicatesse.
Qu'il charme tous les vrais dévots,
Comme il fait enrager les faux.
Et les caractères, au reste,
C'est une chose manifeste,
Sont tous si bien distribués
Et naturellement joués,
Que jamais nulle comédie
Ne fut aussi tant applaudie.

Le *Registre* de La Grange complète les renseignements donnés par le gazetier, et nous apprend que le *Tartuffe*, dans sa nouveauté, fut joué pendant quarante-quatre soirées, et que la recette ayant atteint chaque fois, à peu de chose près, son maximum, la part de l'auteur s'éleva à la somme de 6,871 livres.

Le jour même de la première représentation, Molière écrit une fois encore au Roi, non pour le remercier, mais pour lui demander une grâce. C'est toujours la même façon ironique et l'on ne saurait reconnaître là le ton de l'obligé d'un souverain. Ce n'est pas au Roi qu'il doit son triomphe : « Je suis, par cette faveur, réconcilié avec les dévots. » Donc les dévots seuls s'opposaient à la représentation, et Louis XIV, comme Molière, attendait.

Mais il y eut réaction plus tard, lorsque les

mœurs rel gieuses se modifièrent; le *Tartuffe*
eut une large part dans ces modifications. La
haine des Jansénistes contribua beaucoup à
envenimer l'esprit public et à faire oublier les
raisons pour lesquelles le *Tartuffe* avait été
écrit. Puis les tartuffes se multiplièrent dans
tous les camps; l'on ne se cacha plus pour
faire le mal. Tartuffe, plus vieux de quinze
ans, jeta le masque. Il entretenait ses maî-
tresses aux yeux de tous, il dépouillait les
gens publiquement, sous les dehors les plus
divers; il ne parlait plus de sa haire ni de sa
discipline, Tartuffe était redevenu Panulphe,
et son peintre le surnommait Onuphre. La
Bruyère, en traçant ce caractère, n'a pas voulu
critiquer le type créé par son devancier, il
constate seulement que les hypocrites ont
changé de manière d'être; aussi les place-t-il
avec raison, non dans son chapitre sur la religion, mais dans celui qu'il intitule : « De la
Mode ».

Certes, La Bruyère est beaucoup plus vio-
lent que Molière contre les cafards; ses por-
traits sont plus généraux, aussi humains et non
moins durables : l'hypocrisie, sous ses yeux, se
produit avec d'autant plus de licence que le
roi a vieilli et s'est converti, et qu'il est de
mode de vieillir et de se convertir avec lui.

La Bruyère regarde encore les deux mots hypocrite et dévot comme synonymes, lorsqu'il définit, dans cette ligne trop mordante, le dévot : « Un dévot est celui qui sous un roi athée seroit athée. »

Au XVIIIᵉ siècle, une fois le cercle de la « dévotion » élargi, la tradition s'affaiblit, les origines de Tartuffe s'effacèrent. D'ailleurs il s'agit bien de railleries lorsqu'on emploie contre ses antagonistes des armes comme les *in-pace* ou l'exil. Les Jansénistes de toutes parts traqués, sans appui en haut lieu, maintenant conseillés par d'obscurs ergoteurs, n'effrayent guère : les poëtes ont fait leur œuvre, la police et la maréchaussée font la leur.

C'est alors que Tartuffe repris par les ennemis des tout-puissants Jésuites commence une nouvelle carrière. L'arme dirigée contre ceux qui l'ont forgée frappe d'estoc et de taille, dans la foule, au hasard. La soutane apparaît pour la première fois sur les épaules du *Tartuffe* et la réputation de Molière, qui n'en peut mais, supporte les frais de la mascarade. Le voilà honni, conspué par ses vieux amis comme par ses anciens ennemis. Les philosophes en se réclamant de lui contribuent plus que personne à brouiller les cartes. Un passeport, signé de Voltaire, suffit pendant un long siècle à défrayer la critique et la biographie.

On ne saurait trop s'élever contre de pareilles fantaisies qui faussent le jugement et altèrent la vérité. Il est indigne d'écrivains sérieux d'égarer ainsi la masse. Conçoit-on, en résumé, ce qu'il y a de ridicule et de faux à transformer Molière, ce familier de toutes les heures, ce pensionné des listes intimes en un libelliste, un antagoniste du Roi-Soleil quand sur un geste de ce maître les bastilles se referment, les galères se peuplent, les bûchers grésillent. Molière, au plus beau moment de l'élévation et de la fortune des Jésuites, les jouant en face de toute la Cour, cela est vraiment original ; car cela n'a pas l'ombre du sens commun. Transformer Molière en mystificateur de Louis XIV, de dix mille grands seigneurs, de tous les Jésuites de France et de Navarre, c'est vraiment faire de ceux-ci, de ceux-là, du Roi même, un peuple de portiers. Non, Molière n'était ni pamphlétaire, ni parasite : il obéissait à son protecteur en intime dévoué et suprêmement honnête, plus glorieux encore de servir la vérité que d'abuser un roi, conciliant enfin ses étroits devoirs avec ses longues visées. C'était un valet de chambre de génie.

Les contemporains qui se sont occupés du

personnage dont la conduite avait pu inspirer
à Molière son rôle de faux dévot s'accordent
pour désigner l'abbé Roquette. Nous avons
déjà dit quelques mots de cet intrigant. Il ménagea les Jansénistes tant qu'ils eurent des
appuis à la Cour, ensuite il se tourna du côté
de leurs adversaires après la mort de mesdames de Conti et de Longueville, dont il
prononça tour à tour l'oraison funèbre [1].
Devenu évêque, il chercha à faire oublier son
passé. Mais Mme de Sévigné, le duc de Saint-
Simon, Bussy, l'abbé de Choisy et plusieurs
autres [2] ont épinglé son nom sous celui de
Tartuffe, et il est impossible aujourd'hui de
séparer l'un de l'autre. D'abord factotum,
courtier, fermier, intendant du prince de
Conti, il prit tant d'empire sur l'esprit de ce
prince affaibli par la débauche, qu'il obtint
bientôt sa conversion, c'est-à-dire la mise à

---

[1] Les avait-il écrites? Boileau prétend que non;
c'est le complément du portrait :

« On dit que l'abbé Roquette
Prêche les sermons d'autrui;
Moi qui sais qu'il les achète,
Je soutiens qu'ils sont à lui. »

[2] Relisez l'immortel portrait de Roquette sous le
nom de Théophile dans La Bruyère au chapitre des
Grands.

l'index de tous les amis mondains qu'il avait eus jusqu'alors.

Nous avons fait dans le pays [1], et d'après les documents mêmes, une étude particulière de ce qu'était devenue la petite cour de Pézenas sous l'influence janséniste et la direction des abbés de Ciron et de Roquette. Comment s'étonner de la colère de Molière, tenu au courant de cette palinodie depuis son origine jusqu'au jour où Conti jeta le masque à Lyon en 1657? En cette année, ce prince, naguère le plus éhonté viveur que connût le Languedoc et le commensal des comédiens, prit la plume pour écrire son *Traité de la comédie et des spectacles*, où il frappa sur ses anciens amis, et notamment sur Molière. Chacun de ses jours, à partir de ce moment, marqua une étape dans l'odieux et le ridicule. Le 15 mai, il écrivait de Lyon au P. de Ciron : « Il y a des comédiens ici [2]

---

[1] Voyez aux *Preuves*, II.

[2] Ce passage est une réponse à la question posée en 1865 par M. Brouchoud, savant érudit, dans sa brochure *les Origines du théâtre de Lyon* (Lyon, Scheuring, in-8, p. 8) : « Son second séjour dans cette ville (Lyon) se placerait-il, comme on l'a conjecturé, en 1657 ? »

qui portoient autrefois mon nom[1] : je leur ai fait dire de le quitter, et vous pensez bien que je n'ai eu garde de les aller voir... Je suis assez en paix, avec peu de goût à la prière et *à la discipline*. Nous avons porté doucement la plupart de mes domestiques de toute qualité et quelques officiers de l'armée de se confesser et communier. Je le fis ici publiquement le jour de l'Ascension et le ferai encore le jour de la Pentecôte. » (*La Princesse de Conti*, par Édouard de Barthélemy. Paris, Didot, 1875, in-8°, p. 90 et 111, notes.)

Peu de semaines après, il fit mieux ; il défendit à toutes les personnes attachées à son service de fréquenter le théâtre. Voici la clause draconienne insérée dans les « Règlements que je veux être observés dans ma maison : Tous mes domestiques doivent savoir que je leur défends, sous peine d'être chassés, les mauvais lieux, l'ivrognerie, la *comédie*[2]... Je veux qu'ils entendent la Messe

---

[1] Ils étaient arrivés récemment ; car depuis le 3 mai où leur présence est constatée à Nîmes, ils s'étaient montrés à Avignon. (Raymond, *Pérégrinations*, p. 122.) De Lyon la troupe de Molière se rendit à Grenoble.

[2] Voyez aux *Preuves*, III.

tous les dimanches et fêtes, sans y manquer,
sous quelque prétexte que ce soit; que chacun se confesse et communie à Pàques, et
qu'on observe exactement le Caresme et les
jeûnes de l'Église, avec tous les jours auxquels elle commande l'abstinence de viande[1]. »
(*La Princesse de Conti*, ouvr. cité, p. 311.)

Ces procédés, ces manœuvres pour détour-
ner le public du théâtre ne pouvaient être du
goût d'un chef de troupe naturellement dési-
reux d'applaudissements comme l'était Molière.
Que son dépit se soit changé en haine et en
désir de représailles cela n'étonnera personne.
Il avait dû pressentir le commencement d'une
campagne désastreuse pour l'existence des
artistes. Et bientôt après ces ordres tyranniques
quels durs règlements dans une province qui
jusqu'alors avait fait aux comédiens et en
particulier à Molière un accueil toujours em-
pressé! Les mœurs du jour protestaient d'ail-

---

[1] A qui persuadera-t-on que tous les domestiques et les officiers de Conti, se confessant et commu-
niant à la fois par ordre, étaient devenus, du jour au
lendemain, de fidèles croyants? A-t-on oublié les désordres de la maison princière? Cette troupe empesée
ne produisit-elle pas en 1657, sur l'esprit de Molière
qui la rencontra pour la dernière fois, l'effet d'une
compagnie de tartuffes?

leurs contre une telle conduite. En juillet 1657 la grande Mademoiselle, informée des bruits qui couraient, faisait rougir la princesse de Conti de sa prétendue conversion et de la réforme de son mari. Nous lisons dans ses *Mémoires* ce passage plein de sous-entendus : « Je lui fis la guerre de ce qu'on disoit qu'elle n'alloit pas à la comédie, tant elle étoit dévote ; à quoi elle me répondit *qu'elle iroit avec moi quand je voudrois*. M[r] son mari s'étoit tout à coup jeté dans une extrême dévotion : il en avoit quelque besoin, car avant il ne croyoit pas trop en Dieu, à ce que l'on disoit. Il étoit extrêmement débauché. On dit qu'il avoit beaucoup de pente à devenir jaloux. Les dévots se rendent fort maîtres des *domestiques*[1] quand ils sont jaloux. »

Le 15 juin 1662, Racine écrivait d'Uzès : « M. le prince de Conti est à trois lieues de cette ville et se fait furieusement craindre dans la province. Il fait rechercher les vieux crimes, qui sont en fort grand nombre. Il a fait emprisonner bon nombre de gentilhommes et en a écarté beaucoup d'autres. Une

---

[1] Nous soulignons ce mot de *domestique* dont on voudra bien se souvenir en lisant plus loin le portrait du vrai Tartuffe.

troupe de comédiens s'étaient venus établir
dans une petite ville proche d'ici, il les a
chassés, car ils ont passé le Rhône pour se
rendre en Provence. On dit qu'il n'y a que
des missionnaires et des archers à sa queue.
Les gens du Languedoc ne sont pas accou-
tumés à de telles réformes, mais il faut pourtant plier. »

Le missionnaire Le Jeune, dont nous avons
cité en commençant l'ouvrage imprimé cette
même année, nous donne, page 10, un exemple
des abus douloureux auxquels Conti cherchait
à remédier en proscrivant la comédie :

« Vous ne croiriez pas les inventions et ar-
tifices dont le diable s'est servy ès missions
de ce temps pour les combattre et contrecarrer. Quelques fois il a fait venir en la ville,
un peu avant la mission, les charlatans et
comédiens et quand on alloit parler aux Con-
suls : « Messieurs, comment permettez-vous
que le diable fasse sa mission, en mesme
temps que Dieu fait la sienne? » — « Nous ne
sçaurions qu'y faire, nous leur avons donné
parole, ils ont desja fait venir leur train et
leur bagage en la ville. » — Le P. Le Jeune
prêchait en 1662 depuis une quarantaine d'années et principalement en Languedoc. « Depuis
quarante ans j'ay presché... » (Introduction).

Il fut donc au moins pendant dix ans l'un des principaux concurrents de Molière.

Tout cela avait suffi pour inspirer à Molière « des traits vigoureux », sans parler des autres particularités qu'il avait pu apprendre de la vie du prince hypocrite, tantôt se flagellant un jour devant un mari dont il avait longtemps et publiquement prostitué l'épouse [1], et

---

[1] Nous voulons parler de sa lettre à M. de Calvimont, mentionnée par M. Ed. de Barthélemy dans le curieux recueil déjà cité (p. 75) : « Monsieur, la juste douleur que vous cause l'injure que vous avez reçue de moi est d'une nature que la douceur avec laquelle vous me la témoignez augmente ma confusion. Je vous assure qu'elle étoit bien grande depuis longtemps, mais, en vérité, votre lettre l'a mise à un point que je ne puis exprimer. Si le déplaisir que j'ai de ce qui s'est passé pouvoit diminuer le vôtre, je vous proteste que j'en aurois une extrême consolation, n'étant pas juste que, le crime étant à moi seul, j'en portasse la peine avec vous. J'ai une telle horreur du mien que, si je pensois que toutes les satisfactions du monde pussent vous le faire oublier, je vous les ferois avec une grande joie. Cependant je vous supplie de voir que j'emploie ici tout ce que j'ai d'autorité pour vous rendre tous les services dont je suis capable et pour vous témoigner même que je me suis *affectionné à votre service* ». Une note contemporaine nous apprend que Conti fit dire à M. de Calvimont que, « si c'était sa volonté, il l'assuroit qu'il se jetteroit à ses pieds pour recevoir de lui le traitement qu'il jugeroit le pouvoir satisfaire.

l'autre jour offrant de vendre tous ses biens pour
racheter son âme, mais les conservant parce
que ses conseillers religieux lui ont montré
qu'un prince ne devait pas, par respect pour son
rang, condescendre à vivre dans la pauvreté [1].

Ces détails nouveaux ne peuvent que confirmer l'opinion des contemporains et main-
tenir à l'abbé Gabriel de Roquette le triste privilége d'avoir posé, devant Molière, pour le
portrait de Tartuffe. En 1664, il était âgé de
quarante et un ans [2], et employait tous les
modes d'intrigue pour conserver et accroître

---

[1] Dans son testament daté du 24 mai 1664, Conti
écrivit ce qui suit : « J'ai un très-grand regret d'avoir
été assez malheureux pour me trouver dans ma jeunesse dans une guerre contre mon devoir pendant laquelle j'ai toléré, ordonné et autorisé des violences et
désordres innombrables... Je suis demeuré devant Dieu
redevable envers les particuliers qui ont souffert pendant ce temps, sur quoy j'ay fait restituer quelques
sommes et j'ay souhaité, avec beaucoup de passion, de
pouvoir vendre tout mon bien pour satisfaire plus lar-
gement ; mais, m'étant soumis sur cela à plusieurs prélats et docteurs très-savants et très-pieux, ils ont jugé
que je n'étois pas obligé de me réduire à une vie privée, mais que je devois servir Dieu dans ma condition ». (Ed. de Barthélemy, ouvrage cité, p. 184.)

[2] C'est, à une année près, l'âge de Molière et celui
du *Tartuffe*, au portrait qui nous reste de ce bon sire à
l'oreille rouge et au teint bien fleuri. On rappellera ici que
Roquette, né à Toulouse, était très-connu en Languedoc.

le nombre de bénéfices que Mazarin avait accumulés sur sa tête.

D'Alembert informé par des témoins contemporains n'a d'ailleurs laissé place à aucun doute lorsque dans son éloge de l'académicien Roquette il a dit : « Il avait pour oncle un autre abbé de Roquette qui, par son zèle de commande et sa dévotion politique, eut l'honneur, dit-on, de fournir à Molière l'heureux original d'après lequel il a peint le précieux tableau du *Tartuffe*. »

Au surplus, Molière lui-même nous dit : Celui-ci est Conti, celui-là est Roquette, lorsqu'à la brillante assemblée du 12 mai 1664 il présente les héros de sa pièce. A des gens rompus à toutes les allusions, faits à la langue imagée des Précieuses, au jargon allégorique des romans à la mode, pouvait-on parler plus clairement que dans ces quelques vers de la seconde scène du premier acte ?

Nos troubles l'avoient mis sur le pied d'homme sage.

Conti, après avoir pris part aux troubles de la Fronde en ennemi acharné de Mazarin, avait donné, l'un des premiers, l'exemple d'un retour sincère, fait amende honorable et s'était réconcilié avec le cardinal.

Et pour servir son prince il montra du courage

I

La brillante conduite de Conti, pendant la campagne de 1654 en Catalogne, était présente à tous les esprits, et nul ne pouvait se tromper à des traits si frappants. Mais ce fut bien autre chose aux vers suivants où Roquette, le confident pieux, le faux mentor, fut placé en pleine lumière :

> Mais il est devenu comme un homme hébété
> Depuis que de Tartuffe on le voit entêté.
> Il l'appelle son frère [1]; etc.

---

[1] L'abbé de Roquette chez les Conti était ce qu'on appelait alors « un domestique », c'est-à-dire un attaché, un familier aux gages, absolument comme Tartuffe chez Orgon. C'est ce que madame de Conti nous dit en propres termes : « 11 mai 1657 (*C'est quatre jours après que Conti eut chassé Molière de Lyon*). Tout le monde dit que l'affaire de l'abbé de Roquette est honnête, entre autres M. Esprit, qui dit qu'il faut écrire pour lui ; mais comme il a dit à sa présence, je ne lui dirai pas. Vous savez comme il aime à se mettre bien avec *les domestiques* ; mais, pour parler sérieusement, on dit que c'est une chose qui ne s'est jamais faite. Je crois qu'il n'est pas besoin de vous le recommander ; vous verrez combien vous y êtes intéressé. » Ainsi le prince et la princesse se préparent à faire pour l'abbé de Roquette « une chose qui ne s'est jamais faite. » (*La Princesse de Conti*, par E. de Barthélemy, p. 89). C'est ce qui peut s'appeler en effet traiter Tartuffe comme « un frère. » La lettre de la même, en date du 3 août, plus tendre encore, mais plus énigmatique, pourrait bien se rapporter au même

Et ailleurs ce discours d'Orgon :

Chaque jour à l'église il venoit, d'un air doux,
Tout vis à vis de moi se mettre à deux genoux.
Il attirait les yeux de l'assemblée entière
Par l'ardeur dont au ciel il poussait sa prière ;
Il faisoit des soupirs, de grands élancements,
Et baisait humblement la terre à tous moments... »

Puis la critique de Cléante peignant

Ces gens qui, par une âme à l'intérêt soumise,
..... veulent acheter crédit et dignités
A prix de faux clins d'yeux et d'élans affectés.

Tout cela visait directement Roquette.

Saint-Simon ne s'est pas exprimé autrement :

« Il mourut alors un vieux évêque qui toute sa vie n'avait rien oublié pour faire fortune et être un personnage. C'étoit Roquette, homme de fort peu, qui avoit attrapé l'évêché d'Autun, et qui, à la fin, ne pouvant mieux, gouvernoit les États de Bourgogne à force de souplesse et de manége autour de Monsieur le Prince. Il avoit été *de toutes les couleurs :* à Mme de Longueville, à M. le prince de Conti, son

personnage : « Je prendrai ses intérêts comme les miens, et tout ce qu'on voudra faire contre lui, comme s'il le faisait à moi. » Conti, selon nous, a inspiré les types de Don Juan et d'Orgon. On a vu don Juan. Ici il est Orgon par ses travers et sa complaisance pour un homme comme l'abbé de Roquette.

frère, au cardinal Mazarin, surtout abandonné
aux Jésuites. Tout sucre et tout miel, lié aux
femmes importantes de ces temps là et entrant
dans toutes intrigues ; toutefois grand béat.
C'est sur lui que Molière prit son Tartuffe, et personne ne s'y méprit... Tout lui
étoit bon à espérer, à se fourrer, à se tor-
tiller. [1] »

Cet esprit souple et versatile, expert en ma-
chinations de coteries, ayant embarrassé le
chemin de Molière, celui-ci se vengea par le
portrait de mai 1664, qui était alors de la plus
fine ressemblance. Moins de deux ans après
Roquette avait déjà fait peau neuve et répudié
les idées jansénistes avec le même sans-gêne
qu'il avait mis à les avouer. Telle est la principale cause du quiproquo dans lequel se débat
la critique littéraire.

Était-il urgent qu'un panégyriste se jetât
dans la lice pour embrouiller plus encore le
différend ? C'est ce qui vient d'avoir lieu.

---

[1] Ce type du Tartuffe étant passé aux Jésuites, on
oublia qu'il n'en portait pas *les couleurs* lorsque Molière
l'avait portraituré. Roquette se *tortilla* tellement qu'il
contribua pour sa part à égarer l'opinion et, comme il
mourut jésuite, on s'imagina que ce caméléon béat
l'était déjà dans sa première manière.

Roquette l'a trouvé ce biographe dévoué [1].
Malheureusement pour son client le savant
avocat n'a pu réussir à opposer des documents
positifs, ni même une critique sérieuse aux
souvenirs contemporains. Ceux de Lenet, de
Saint-Simon, de Cosnac, laisseront, malgré
tout, d'ineffaçables marques sur le front de
l'hypocrite impudent que Molière a flagellé.
Où l'on reconnaîtra la faiblesse des arguments
de M. Pignot c'est au peu d'importance qu'il
paraît attacher à la guerre religieuse du dix-
septième siècle. Il oublie de remarquer qu'a-
près chacune de ses nombreuses conversions
l'abbé de Roquette se haussa dans la voie
des honneurs et de la fortune. De nos jours
on appelle cela *se vendre* successivement à
chaque parti et de tout temps les vendus ont
été les points de mire de l'universelle répro-
bation. Jamais acrobate ne *travailla* avec plus
d'aisance que l'abbé de Roquette et dire qu'une
si belle occasion d'admirer ses sauts périlleux
de Jansénius en Loyola et du jésuitisme en

---

[1] *Un évêque réformateur sous Louis XIV, Gabriel
de Roquette, évêque d'Autun, sa vie, son temps et le
Tartuffe de Molière, d'après des documents inédits;*
par J.-Henri Pignot. Autun, Renault, 1876, 2 vol. in-8
de XVI-1142 p.

Port-Royal qui amusèrent tant les galeries de Versailles a été perdue!

M. Pignot ayant laissé dans l'ombre le caractère si singulièrement accommodant et mobile de son héros s'est trouvé dans la nécessité, pour se tirer d'affaire, d'embrouiller à la fois les dates, les écoles et les gens. Toute discussion approfondie sur le personnage accusé d'avoir servi de type au Tartuffe était évitée du moment où l'on enterrait l'histoire dans cette phrase inouïe : « Il était lié (*Roquette*) avec les Jésuites et avec plusieurs théologiens de Port-Royal. » (I, p. 53). Le biographe reconnaît avec la plus parfaite bonne foi que ces théologiens s'appelaient Singlin, de Sacy et de Sainte-Beuve; mais il ne cite pas *un seul* jésuite ami de Roquette à cette époque (1663-1664). C'est pourtant ce qu'il aurait fallu faire; alors seulement le défenseur fût entré dans le vif du sujet [1]. Que dit Molière

---

[1] M. Pignot cite quelque part le Dictionnaire du jésuite Feller et s'étonne de sa sévérité pour la mémoire de Roquette. Un jésuite instruit ne pouvait parler autrement du type du Tartuffe. Feller montre au contraire dans ce passage qu'il connaît la chronologie littéraire et les traditions intimes de son ordre. Le Roquette des Conti a fait tort au Roquette d'Autun, quoiqu'il y ait un abîme entre les deux.

du Tartuffe qui ne puisse s'appliquer au Roquette de 1664? Après la manifestation signi-
ficative faite par « la cabale » aux obsèques
du P. Singlin, Roquette, qui était de la partie,
accompagna encore Mme de Longueville à
Port-Royal chez Le Maistre de .Sacy ; mais à
peine le Tartuffe fut-il joué, à peine Roquette
eut-il soupçonné la main de Louis dans cet
ouvrage qu'il se convertit, Conti agonisait
alors et la déroute des Jansénistes était iné-
vitable. Tartuffe renia la couleur de son
froc et passa au parti contraire [1]. Cette
nouvelle hypocrisie fut récompensée par la
nomination de l'apostat au siége épiscopal
d'Autun.

Dans un chapitre intitulé *Roquette et Tartuffe* (II, p. 359), M. Pignot, tout en cherchant
à justifier Roquette, s'est laissé entraîner malgré soi à discuter les accusations des contemporains. Il était difficile d'écrire un travail
mieux fait pour prouver qu'en effet Molière
avait eu raison de bafouer Tartuffe et sous ce
nom de peindre Roquette. D'illustres observa-
teurs avaient atteint sa réputation, un ami

---

[1] On voit que nous sommes loin de partager l'opinion de M. Pignot, qui loue dans Roquette : « une
fidélité *inébranlable* à ses principes. » (I, p. 32.)

maladroit l'a compromise pour toujours [1].

Le seul mémoriographe dont les confidences ne s'accordent pas avec celles des écrivains que nous venons de citer est Tallemant des Réaux. Il semble qu'il ait voulu satisfaire des rancunes particulières, en désignant un autre prototype de Tartuffe. Aujourd'hui ce nom appartient à l'histoire; il s'agit de l'abbé de Pons, cité dans une note de l'historiette de Ninon (Jolie Elmire!) :

« Un abbé, qui se faisait appeler l'abbé de Pons, grand hypocrite, qui faisoit l'homme de qualité et n'estoit que filz d'un chapellier de province, la servoit assez bien. C'estoit un drosle qui, de rien, s'estoit fait six à sept mille livres de rente; c'estoit l'original de Tartuffe car, un jour, il luy déclara sa passion : il estoit devenu amoureux d'elle. En traitant son affaire, il luy dit qu'il ne falloit pas qu'elle s'en estonnast, que les plus grands

---

[1] Voyez entre autres certain passage de la page 566, vol. II : « *Son ambition n'est pas portée*, etc. » M. Pignot termine en disant (II, 569) que la physionomie de Roquette, d'après un portrait qui existe ici et là, indique une nature « maîtresse d'elle-même ». Je le crois sans peine. *Être maître de soi* est la plus belle qualité d'un imposteur; c'est la principale vertu de Tartuffe.

saints avoient esté susceptibles de passions
sensuelles; que Saint Paul estoit affectueux
et que le bienheureux François de Sales n'a-
voit pu s'en exempter. » (VI, 12.)

L'abbé de Châteauneuf dans son *Dialogue
sur la Musique des Anciens* (1725), est plus
précis et mieux renseigné que Tallemant.
Nous apprenons par lui que l'abbé de Pons
n'a pu servir de modèle à Molière puisque
Tartuffe était écrit lorsque Ninon, pour confirmer la vérité du .portrait, cita ledit abbé
comme un hypocrite consommé : « Je me rappelle, dit Châteauneuf, une particularité que
je tiens de Molière lui-même, qui nous la ra-
conta peu de jours avant la représentation du
Tartuffe. On parloit du pouvoir de l'imitation; nous lui demandâmes pourquoi le même
ridicule, qui nous échappe souvent dans l'original, nous frappe à coup sûr dans la copie;
il nous répondit que c'est parce que nous le
voyons alors par les yeux de l'imitateur, qui
sont meilleurs que les nôtres; car, ajouta-t-il,
le talent de l'apercevoir par soi-même n'est pas
donné à tout le monde; là-dessus, il nous cita
Ninon comme la personne qu'il connoissoit
sur qui le ridicule faisoit une plus prompte
impression; et il nous apprit qu'ayant été, la
veille, lui lire son *Tartuffe* (selon sa coutume

de la consulter sur tout ce qu'il faisoit), elle le paya en même monnoie, par le récit d'une aventure qui lui étoit arrivée avec un scélérat de cette espèce, dont elle lui fit le portrait avec des couleurs si vives et si naturelles, que, si sa pièce *n'eût pas été faite,* nous disoit-il, il ne l'auroit jamais entreprise, tant il se seroit cru incapable de rien mettre sur le théâtre d'aussi parfait que le Tartuffe de Ninon. »

Le dernier éditeur de Tallemant des Réaux, M. Paulin Pâris, a trouvé à redire à cette attribution, et il a indiqué dans Tallemant même un autre portrait, plus propre que celui de l'abbé Pons à représenter Tartuffe.

Comme cette supposition est ingénieuse, que, d'ailleurs, le passage n'a pas été reproduit, qu'il nous découvre une Elmire vraisemblable et se rattache à l'histoire littéraire, on trouvera bon que nous rapportions ici ces lignes, tirées de l'historiette de *Charpy, S*ʳ *de Sainte-Croix* :.

« Un jour qu'il estoit dans l'église des Quinze-Vingts, Mᵐᵉ Hansse, veuve de l'apoticaire de la Reyne, y vint; elle loge dans les Quinze-Vingts mesmes. Il l'accosta et luy parla de dévotion avec tant d'emportement, qu'il charma cette femme, qui est dévote.

Elle le loge chez elle. Luy, qui est si charitable, qu'il aime son prochain comme luy-
mesme, s'est mis à aimer la petite Mme Pa-
trocle, la fille de Mme Hansse : elle est femme
de chambre de la Reyne, et son mary est aussi
à elle. Charpy se met si bien dans l'esprit du
mary et s'impatronise tellement de luy et de
sa femme, qu'il en a chassé tout le monde, et
elle ne va en aucun lieu qu'il n'y soit, ou
bien le mary. Mme Hansse, qui a enfin ou-
vert les yeux, en a averty son gendre; il a
respondu que c'estoient des railleries, et
prend Charpy pour le meilleur amy qu'il ayt
au monde. Souvent les marys font leurs
héros de ceux qui les font cocus. Cependant la
Sorbonne a refusé de donner l'approbation à
son livre; il les traite d'ignorants. Mme Hansse,
enfin, n'a plus voulu qu'ils logeassent avec
elle. Charpy n'est plus en mesme logis que
la dame, mais il la voit toujours de mesme.
Quand il prie Dieu, il dit : « Seigneur, je me
résigne à ta volonté; si tu m'envoyes des
bénéfices, je seray ecclésiastique; si tu ne
m'en envoyes point, je me résoudray à la
retraite. » (*Tallemant*, 1858, VII, 213.)

Le nom du héros de l'*Imposteur* a longtemps
passé pour avoir été créé par Molière, par la
raison qu'on n'en citait pas d'exemples anté-

rieurs en date à la comédie. Des recherches approfondies et plus heureuses ont prouvé que Molière n'avait fait qu'adopter un nom déjà employé dans le sens où le poëte allait l'immortaliser. — M. Hippolyte Lucas a inséré, dans le *Journal de l'Instruction publique*, vers 1865, un très-curieux article sur l'origine du mot Tartuffe, et il a décrit, pour la première fois, d'après un recueil que nous avons vu à la Bibliothèque de l'Arsenal, une gravure de Laignet portant ce titre : *La Tartufe*, et représentant une sainte-nitouche, ou une hypocrite dans le genre de la Macette de Regnier, avec des vers burlesques, relatifs au caractère du personnage. On sait que le graveur Laignet publiait ses estampes satiriques et comiques avant que Molière se fût fixé à Paris avec sa troupe[1].

Tartufo se trouve dans *Il Malmantile*, de Lippi, avec le sens d'homme à esprit méchant; le *Malmantile* circulait manuscrit en France avant le *Tartuffe*. (Voy. Littré. *Dict.*; et Genin, *Récréat.*, I, 292.)

Au milieu de la masse d'ouvrages qui forment les éléments de l'histoire bibliographi-

---

(1) Paul Lacroix, *Bibliogr. moliéresque*, 2ᵉ éd., p. 331, et *Iconogr. moliéresque*, p. 178. Dans ce dernier ouvrage, M. P. Lacroix paraît dater *la Tartufe* de 1663.

que de *Tartuffe*, les seuls qui soient indis-
pensables à connaître sont, par ordre de
date :

*Premier placet présenté au Roy sur la co-
médie de Tartuffe* (du 12 juillet au 12 août
1664), pour demander justice du curé Roullé.

*Deuxième placet présenté au Roy, dans son
camp, devant la ville de Lille en Flandre*
(août 1667), pour faire lever la défense de
faire représenter *le Tartuffe*, signifiée le 6 de
ce mois par le premier président de Lamoignon. Ce placet fut présenté par les comédiens La Thorillière et La Grange.

Troisième placet présenté au Roy (5 février
1669), le jour même de la réapparition défi-
nitive du *Tartuffe*.

Ces trois pièces parurent d'abord dans la
seconde édition de la pièce, imprimée en 1669.

Il existe du premier placet une version un
peu différente de l'imprimé, et qui porte ce
titre : « Le placet que le sieur Molière, comédien du roy, a présenté à Sa Majesté à cause
du livre de M. le curé de Saint-Barthélemy
contre la comédie du *Tartuffe*... » Ce texte,
emprunté aux papiers de Trallage, a été publié par M. Paul Lacroix dans son édition du
Roy glorieux au monde (p. 7).

Un autre écrit, qui fut composé et publié à

peu près au moment où le second placet était
remis au Roi, raconte en abrégé la pièce interdite. C'est la *Lettre sur la comédie de
l'Imposteur* (20 mai 1667), rédigée certainement dans l'entourage de Molière, mais qui
ne doit pas lui être attribuée, tant le style est
différent des autres critiques et défenses que
l'auteur du *Tartuffe* a avouées. Cette pièce,
du reste, ne fut pas réunie aux éditions con-
temporaines de Molière. Un exemplaire a été
vu qui portait après la suscription l'initiale
imprimée C, désignant, suivant quelques critiques, Chapelle, l'ami dévoué du poëte. Quoi
qu'il en soit, la *Lettre sur l'Imposteur*, pleine
de renseignements sur la pièce, dont elle suit
pas à pas la composition, est un document
de premier ordre, qui éclaire d'une vive lumière les situations dramatiques que renferme
le Tartuffe et nous renseigne sur les modifications faites pour la représentation de 1667.

On doit mentionner au même titre, et surtout à cause de sa préface rimée (par Pradon,
suivant l'avis de quelques-uns), *la Critique
du Tartuffe, comédie en vers*, qui contient un
ou deux passages où Molière est pris à partie.
Cette pièce, imprimée pour la première fois
en 1670, a été rééditée en 1868, avec une préface de M. Paul Lacroix.

Robinet, dans le numéro du 6 avril 1669,
annonça en ces termes la mise en vente de la
première édition :

Monsieur Tartuffe ou le Pauvre homme,
Ce qui les faux dévots assomme,
Devient public plus que jamais.
Comme au théâtre désormais
Il se montre chez le libraire,
Qui vend l'écu chaque exemplaire...

La *Bibliographie moliéresque* a décrit en détail ce volume intéressant (*L'Imposteur ou le
Tartuffe*, comédie par J.-B.-P. de Molière.
Imprimé aux despens de l'autheur et se vend
à Paris, chez Jean Ribou, 1669, in-12 de 12 ff.,
dont le premier est blanc, et de 96 pages.
Privilége du 15 mars, achevé d'imprimer du
23 mars même année.) Inutile de dire que la
célèbre préface précède la pièce dans cette
édition. Elle fut suivie immédiatement de
contrefaçons dont les bibliographes ont parlé
jusqu'ici sommairement; mais M. Campardon
vient de nous faire connaître (ouvrage cité,
pages 69-75) la part que Molière prit à des
poursuites contre une tentative de ce genre et
qui lésait d'autant plus ses droits qu'il s'était
fait l'éditeur de son ouvrage, comme nous
l'apprennent et le privilége et le titre. Les
contrefacteurs étaient les nommés Hénault

père et fils, libraires ; le procès n'alla pas jusqu'au bout, et les Hénault, comprenant sans
doute qu'il n'y avait rien de bon à espérer
pour eux, coupèrent court au différend par
quelque satisfaction pécuniaire : « Sur la
requête présentée au roi en son conseil, par
maître Jean-Baptiste Pauquelin de Molière,
contenant qu'aux termes du privilége à lui
accordé par Sa Majesté d'imprimer et faire imprimer le livre ou pièce de théâtre faite et com-
posée par ledit suppliant, intitulée l'*Imposteur*,
nul autre que lui n'ait pu entreprendre de faire
imprimer, vendre et débiter ledit livre à son
insu, sans son exprès consentement, néanmoins ledit suppliant ayant été averti que
Jean-François et Jacques Hénault père et fils,
marchands-libraires à Paris, avaient contrefait ou fait contrefaire l'impression dudit
livre et le vendoient publiquement... il a été
obligé de faire, le 18ᵉ du présent mois d'avril
(1669), transporter chez lesdits Hénault l'un
des commissaires du Châtelet de ladite ville,
par qui il a fait dresser son procès-verbal de
l'exposition, vente et débit que faisoient les
dits Hénault de ce livre ainsi par eux contrefait, etc. » Ainsi dès le 18 avril, moins d'un
mois après la mise en vente de l'édition originale, la contrefaçon se débitait publique-

ment. Pour s'éviter la peine d'avoir à intervenir
désormais dans des poursuites de ce genre, et
trouvant suffisant d'en avoir une à sa charge
(elle dura longtemps et n'était pas terminée
en septembre), Molière se hâta de faire marché
avec son libraire Ribou, comme nous l'apprend une mention de la seconde édition :
« Ledit sieur Molière a cédé son droit de privilége à Jean Ribou, pour en jouir suivant
l'accord fait entre eux. » L'achevé d'imprimer
de cette seconde édition porte la date du
6 juin 1669[1], Ribou l'enrichit des trois pla-

---

[1] M. Campardon perd de vue les diverses dates de
ces événements lorsqu'il émet l'idée que Ribou avait
déjà conclu son marché avec Molière au moment où la
contrefaçon se produisit : « Il paraît que Ribou, dit-il,
trouva qu'il avait payé le *Tartuffe* trop cher ; j'ima-
gine que c'était au moment où la contrefaçon lui faisait
concurrence et qu'il dût, une fois cet obstacle disparu,
vendre un bon nombre d'exemplaires. » On a vu que
l'édition faite par Ribou pour son propre compte fut
achevée le 6 juin : elle avait donc été commencée vers
le 15 mai ; or, à cette dernière date, il y avait un mois
que le procès-verbal de saisie avait été fait à la requête
de Molière, en vertu du privilége du 15 mars, qui le
concernait seul. Ribou, qui déjà vendait la première
édition pour Molière, connaissait mieux que personne
les poursuites que celui-ci avait été obligé de faire, et il
eut, certes, bien le temps de réfléchir aux conséquences
de son acte lorsqu'il acheta à l'auteur, après le 18 avril
le droit d'exploiter le privilége.

K

cets dont il a été question ci-dessus et l'augmenta d'une gravure représentant Orgon sortant de dessous la table.

La troisième édition ne parut qu'en 1673, après la mort de Molière.

On pourrait faire un in-folio de tout ce qui a été écrit ensuite à propos du *Tartuffe*.

Depuis quatre-vingts ans, la critique, souvent aveugle, en a fait une arme de guerre contre l'habit religieux, et celui-ci, sous des chefs habiles et par la bouche de polémistes plus ardents qu'instruits, a répondu par des banalités au lieu de recourir aux arguments irrésistibles que lui eût fourni l'étude de l'histoire. Aucun parti n'ayant fait progresser sa cause dans ce combat de paroles vaines, il est temps que la vérité impartiale prenne la parole. Enfin l'on cite un chercheur qui prépare des volumes pour élucider la question [1];

---

[1] M. l'abbé Davin a annoncé cette intention dans une série d'articles intitulés « Les sources du Tartuffe » et qui ont été donnés par le journal le *Monde* en août et septembre 1873. Cet érudit cherche dans les annales ecclésiastiques les origines du *Tartuffe*; c'est la bonne voie. Le clergé lui-même finira par venger Molière des accusations injustes du clergé pendant deux siècles. Nous nous estimerons fort heureux si nous avons pu, dans cet ordre d'idées, fournir quelques preuves négligées jusqu'à ce jour.

et déjà le dernier mot de la science biblio-
graphique a été dit par M. Paul Lacroix dans
les belles monographies [1] auxquelles nous
avons renvoyé à diverses reprises.

---

[1] *Bibliographie moliéresque*, 2e édit. Paris, Fontaine, 1875, in-8°, pages 262 et suiv., 330 et suiv.
Iconographie moliéresque, 2e édit. Paris, Fontaine,
1876, in-8°, *passim*. On trouve, entre autres, dans
ce dernier ouvrage (n° 34, page 14), la description
d'une miniature, peinte vers 1666, qui est un souvenir très-précieux des origines de *Tartuffe* : « Molière est assis sur un fauteuil de soie jaune broché
d'argent, devant une table sur laquelle est une feuille
de papier oblong où l'on distingue uniquement le mot
Tartuffe ; il est vêtu d'un justaucorps et d'un man-
teau de soie noire, avec rabat et manchettes de dentelles, ce qui paraît avoir été d'origine le costume de
Tartuffe. »

PIÈCES JUSTIFICATIVES

I

(Voy. le texte, p. 21.)

IVERSES personnes pensent, il est vrai, que Conti n'a rien fait pour Molière, parce que ses quittances ne mentionnent pas expressément le prince. Cette opinion n'est pas la vraie et n'est pas soutenable. Le regretté Galibert l'avait adoptée lorsqu'il découvrit l'assignation de 1656 sur le fonds des Étapes. Le *Rapport sur la découverte d'un autographe de Molière*, par M. de la Pijardière (Montpellier, 1873, in-8, p. 13), a fait justice de cette erreur. Conti n'aurait pas soutenu de son crédit Molière? Est-ce que Cosnac, dans ses

Mémoires, ne dit pas expressément qu'à peine arrivé en Languedoc, deux troupes briguèrent l'influence du prince ; celle de Cormier et celle de Molière ; celle-ci, soutenue par le futur archevêque d'Aix, celle-là par Mme de Calvimont, maîtresse du châtelain de la Grange ? Conti hésita, ne voulant pas déplaire à sa maîtresse, mais il se rendit lorsque Sarrasin et Cosnac eurent brisé les obstacles intéressés de la favorite. Dans ce passage, qui se rapporte à des événements de l'hiver de 1653-1654, Cosnac dit expressément que Molière fut récompensé par Conti : « Sarrasin fit avouer à M. le prince qu'il falloit retenir la troupe de Molière à l'exclusion de celle de Cormier... Il gagna Mme de Calvimont, et non-seulement il fit congédier la troupe de Cormier, mais il fit donner pension à celle de Molière [1]. »

Sans doute, avant que Conti ne parût dans la province, les États avaient déjà apprécié et récompensé le mérite de Molière ; mais il est prouvé qu'à la fin de 1656, comme Conti lui-même en voie de conversion, ils se montrè-

---

[1] *Mémoires de Daniel de Cosnac,* publiés par la Société de l'Histoire de France. Paris, J. Renouard, 1852, in-8.

rent durs aux comédiens. Les grands, les
vrais succès de Molière sûr de lui, devenu
Molière, datent de l'année 1654, au moment
où Conti donna « pension à la troupe. » Les
États votaient chaque année à Conti tous les
subsides qu'il demandait. Si donc en 1656 il
fit régler Molière sur les fonds réservés pour
les Étapes ou d'autres dépenses secrètes, il ne
fit que s'éviter la peine de prendre d'une
main ce que de l'autre il eût versé, avec plus
d'éclat seulement, voilà tout. Il serait oiseux
d'insister ; tous ceux qui connaissent l'histoire
des États de Languedoc n'ignorent pas que
leur indépendance n'existait guère que de
nom. Si, dans de rares circonstances, ils refu-
sèrent à la royauté l'octroi d'impôts trop con-
sidérables, ils plièrent toujours devant les en-
voyés du Louvre ou de Versailles ; ceux-ci,
notamment les Princes du sang, ne se virent
jamais refuser le montant des sommes, quelque élevées qu'elles fussent, destinées à les
récompenser personnellement[1]. On en jugera
par les extraits suivants des procès-verbaux

---

[1] Remarque à faire : les États se montraient même
d'autant plus généreux pour les commissaires royaux
qu'ils l'étaient moins pour la couronne, et ainsi coupaient
court aux récriminations.

des États de Languedoc, qui n'ont pas encore été publiés.

Séance du 20 novembre 1649.

« Les États, en reconnoissance des grâces et faveurs que la province reçoit de S. A. R. Mgr le duc d'Orléans, et de l'honneur qu'ils ont de l'avoir pour gouverneur, lui ont unanimement accordé la somme de 80,000 liv. pour être payée aux termes des contributions ; et pour témoigner à S. A. R. l'obligation extraordinaire que la province lui a de la protection qu'elle lui a donnée envers S. M. pour obtenir la révocation de l'edit de Béziers et la permission de faire l'imposition pour deux années, les Etats lui ont encore donné autres 80,000 liv. »

Il résulte cependant de l'ensemble des procès-verbaux et des mémoires d'Olivier d'Ormesson que le duc d'Orléans, qui en sa qualité de gouverneur du Languedoc, n'allait jamais dans cette province, à cause du triste souvenir de Montmorency, de Cinq-Mars et de de Thou, s'était opposé aux justes demandes des États, et n'avait cédé qu'à l'offre d'une somme considérable ; et si le duc d'Orléans, peu généreux envers ses amis et ses serviteurs, réclamait pour lui la part du lion, néanmoins il n'oubliait pas son secrétaire, l'abbé de Larivière qui, cette année-là, avait fort malmené les députés en cour.

« Il a été accordé à M. l'abbé de Larivière la somme

de 6,600 liv., en considérat'on de : faveurs et assistances que la province reçoit de lui auprès de S. A. R.; et pour les soins et peines qu'il a prises de la remettre dans son ancienne liberté par le moyen de l'obtention de la révocation de l'édit de Béziers, autres 6,000 liv., et les députés en cour ont été chargés de la part de cette assemblée l'en prier et lui en demander la continuation. »

Cette rédaction est peut-être ironique, mais les États étaient dans la joie. Cette année-là les gratifications extraordinaires dépassèrent 100,000 liv., somme considérable pour une province déjà accablée.

II

(Voyez ci-dessus, p. 62.)

On nous accusera peut-être d'avoir été chercher bien loin les prototypes du *Tartuffe* et de *Don Juan*. On nous objectera qu'en 1664 il y avait belles années que Molière avait oublié le théâtre de ses premiers succès. C'est à cette dernière objection que nous voulons répondre : chose d'autant plus nécessaire que ni Soulié (*Recherches*), ni autre depuis lui, n'a cité de documents concernant les relations probables de Molière avec le Midi, après son retour à Paris.

La présence de Molière est soupçonnée à

L

Narbonne dès 1642; elle y est prouvée
en 1650 [1].

Ce que nous pouvons affirmer, c'est qu'à
partir de ce moment, jusqu'en pleine fièvre
du *Tartuffe*, les intérêts du maître-comédien
restèrent liés à ceux de la province adminis-
trée par Conti. Depuis l'âge de vingt-huit ans
jusqu'à celui de quarante-six, le Languedoc
est pour quelque chose dans les préoccupa-
tions de Molière. C'est seulement le 21 janvier 1668, cinq ans avant sa fin, que celui-ci
cessa d'avoir rien de commun avec le Midi,
rien si ce ne sont les souvenirs de ses voyages [2]
auxquels il emprunta tant de types et de créa-
tions.

Les ridicules sont plus faciles à saisir en
province qu'à Paris, ils font d'autant plus
d'impression sur un esprit jeune et « contem-
plateur. » Ainsi il est de toute impossibilité
que Molière, fixé si longtemps au milieu des

---

[1] Raymond (L. Galibert), *Pérégrinations de Molière
en Languedoc*, 1858, in-12. *Passim.*

[2] N'est-ce pas en Languedoc que Molière avait dû
rencontrer le jésuite Jean Maury, qui, seul de tous les
contemporains, a devancé la postérité par son jugement,
dans le morceau que nous avons rappelé? Jean Maury,
né à Toulouse en 1625, était, à trois années près, de
l'âge de Molière. Il mourut à Villefranche de Rouergue.

étudiants en médecine et des docteurs de
Montpellier, n'y ait pas pris en répulsion un
art qui était devenu, au xvii° siècle, dans ce
lieu d'études, le plus blâmable des jeux[1]. Là,
les études et la pratique prêtaient à rire, sous
quelque côté qu'on les considérât.

Quant aux questions qui nous occupent et
qui touchent à la lubie janséniste, elles étaient
traitées parfois de telle sorte, qu'elles durent
laisser dans l'esprit de Molière la plus vive
impression. Nous avons déjà cité un article
relatif à la conversation des femmes. Voici
d'autres décisions du même genre prises au
hasard. On verra quelle était la tournure
d'esprit des censeurs qui dirigeaient les âmes
sous la domination de Conti. Molière put
avoir connaissance de ces hauts efforts d'es-

---

[1] Louis XIV, vers la fin de son règne, en ordonnant
la réforme des Facultés de Médecine, était encore sous
l'impression des conceptions satiriques de Molière. Les
considérants de l'édit de 1707 semblent inspirés de ce
mot profond de *Don Juan* :

« La médecine... c'est une des grandes erreurs qui
soient parmi les hommes. »

Nous avons sous les yeux le mémoire d'un apothi-
caire de Montpellier, daté de mai 1681 à décembre
1687, et relatant des fournitures faites à un seul client
pendant cet intervalle. Ce document, de 42 pages in-8,
contient 980 articles dont près de 300 « clistères réi-
térés. »

prit. Ce sont façons de penser qui déjà se faisaient jour autour de lui. Comment un poëte satirique ne se serait-il pas développé rapidement aux leçons de pareils moralistes ?

— « Fut résolu que ce cas, savoir s'il étoit permis à un homme qui porte un enfant au baptême de le jeter dans une rivière pour le baptiser, voyant par accident qu'il ne peut pas aller au bout du pont sans que l'enfant meure, est fort métaphysique, et fort difficile qu'il arrive, et quand il arriveroit, il ne seroit pas permis de le jeter dans l'eau. »

— « A été résolu que c'étoit un fort bon conseil à donner aux mariés, autant que la fragilité humaine le peut permettre, de s'abstenir de l'usage du mariage les veilles et jours de la communion, même les jours des jeûnes, et ce sera une fort bonne œuvre à eux de le pouvoir pratiquer d'un commun consentement; mais s'ils ne peuvent pas s'en abstenir il n'y a pas de péché. »

— « A été proposé savoir si un homme avec une fille se voulans marier ensemble, tous deux requérans respectivement leur curé de les vouloir épouser, le curé répondant qu'il le fera fort volontiers, les ordres de l'Église étant observés, les requérans étant impatiens pour ces formalités se connoissent *carnaliter;* a été répondu que ceux qui se connoissent *carnaliter*, s'ils n'ont fait que requérir le curé de les épouser, sans dire clairement qu'ils se marient et se prennent à époux l'un l'autre, pèchent tant contre le commandement de l'Église que contre le commandement du décalogue. »

— « A été proposé savoir que doit-on faire d'un tailleur qui toutes et quantes fois qu'il a fait des habits a dérobé quelque peu de soie, ou de drap, ou d'autre chose ; a été répondu que le tailleur qui a dérobé, s'il sait à qui il doit, lui doit faire meilleur marché à proportion de ce qu'il a dérobé. »

— « A été proposé savoir si du temps des guerres une personne qui auroit trouvé au milieu d'une forêt un troupeau de moutons l'auroit pris et n'auroit du depuis sû à qui il pourroit appartenir, est obligé et à qui de faire restitution. A été répondu que si la personne qui a trouvé le troupeau de moutons est pauvre, elle peut s'appliquer la restitution qu'elle devroit faire si elle étoit riche et en état de le pouvoir faire. »

— « A été proposé savoir si un homme qui consent que sa femme ait connoissance avec un autre, si ce péché est seulement fornication ou adultère. A été répondu que la femme qui connoit un homme, son mari le voulant, commet un adultère, car quoique la femme en ce cas ne fasse point d'injure à son mari, elle la fait toujours au sacrement du mariage. [1] »

Le 1er avril 1655, à Montpellier, pendant la session des États (elle fut close le 12 mai), la plus brillante de celles à laquelle Molière ait assisté, Madeleine Béjart fit à la province de Languedoc le prêt fort important d'une somme de dix mille livres. — Sans insister sur l'origine de cette somme, nous y voyons en partie le produit de l'organisation et des représentations du *Ballet des Incompatibles*

---

[1] Manuscrit cité plus haut.

imaginé par Molière, et où figurèrent quelques
artistes de sa troupe pendant l'hiver qui
venait de s'écouler. L'impression du livret
est de cette époque, et probablement le prince
de Conti, qui s'apprêtait à partir pour sa
seconde campagne de Catalogne, avait-il fait
régler les comédiens avant de s'éloigner[1].
Comme nous reproduisons dans son entier
le texte des documents inédits et inconnus
qui mentionnent ce prêt, on verra dans quelles
circonstances il fut fait. Ce que nous tenons
surtout à faire remarquer, c'est la date du
remboursement, le 21 janvier 1668, parce que
nous en tirons la preuve que Molière con-
serva pendant onze ans encore des relations
ou des intérêts en Languedoc. Il est vrai que
Madeleine Béjart est seule nommée dans ce
document ; mais on sait que Molière, en
habile politique, s'est servi de prête-noms dans
d'autres circonstances ; en cas de difficultés il
s'évitait ainsi la peine d'intervenir, et quelquefois l'ennui d'indisposer les puissances.

Nous voyons en outre, dans l'acte de rem-

---

[1] Déjà les 18 et 22 février précédents Mlle Béjart
avait prêté une somme de 3200 liv. dont Julien Meindre,
sieur de Rochesauve, s'était porté caution par un acte
reçu à Montpellier. (Voy. Soulié, *Recherches*, p. 254.)

boursement, que Madeleine Béjart indique
pour domicile la « *rue Saint-Honoré.* » Or
on sait qu'à cette époque elle demeurait offi-
ciellement rue Saint-Thomas du Louvre, chez
sa sœur. Molière, brouillé avec Armande, était
venu loger rue Saint-Honoré où Madeleine
l'avait rejoint. On ne peut expliquer autrement
cette adresse dont la mention nous autorise à
penser que la somme remboursée devait appartenir à Molière.

Au mois d'août 1668, Poquelin, sous le
nom de son ami le célèbre Rohault, accomplit
à l'égard de son père un acte d'une rare délicatesse et qui consista dans le prêt d'une
somme de 8000 livres.

L'auteur des *Recherches* (page 65) a fait
connaître ce trait de désintéressement. Ne
sont-ce pas les fonds remboursés par les États
peu de mois auparavant, qui facilitèrent ce
bon mouvement de charité filiale?

1655. — 1er Avril.

OBLIGATION DE LA PROVINCE DE LANGUEDOC AU PROFIT DE MADELEINE BÉJART

L'an mil six cens cinquante cinq et le premier jour
du mois d'apvril avant midi, dans Montpellier, devant
moy notaire et tesmoings bas nommés, a esté en personne M. Me Pierre Joubert, scindic general du pays de

Languedoc, faizant, tant pour luy que comme procureur
de messieurs de la Mamye et de Roux-Montbel, ses
collegues, ainsy que rezulte de la procuration que ledit
sieur de Roux, tant en son nom que dudit sieur de la
Mamye, luy en a faicte devant moy dit notaire, en datte
du XXIᵉ de mars dernier, quy a esté remize en mes
mains et est dans ma liasse des actes remizes la presente
année et sera incerée au pied du présent contrat, lequel
sieur de Joubert, audit nom, en vertu de ladite procuration et de la desliberation de messeigneurs les gens
des trois estatz dudit pays de Languedoc, dattée du
VIIIᵉ jour du mois de mars, y mentionnée, qui sera
aussi incerée à la fin dudit present contract, et, pour et
au nom de ladite province de Languedoc, a conlessé
debvoir à damoiselle Magᵉ Bejard, de la ville de Paris,
estant pour cejourd'huy audit Montpellier, presante et
acceptante, la somme de dix mil six cens vingt cinq
livres [1], pour prest reel que ladite damoiselle de Bejard
en a faict à ladite province en louis d'argent et autres
especes de poidz et de mize, suivant la derniere decla-
ration du roy, par ledit sieur Joubert, scindic, comptée
et retirée et par luy en mesme temps bailliée et deslivrée
au veu de moy dit notaire et tesmoings, aux mesmes
especes à Mᵉ Guillaume Sabatier, commis et procureur
de M. Mᵉ François Le Secq, conseiller et secretaire du
roy, trezorier et recepveur general de la bource com-
mune dudit pays de Languedoc, suivant la procuration
que ledit sieur Le Secq lui en a faicte, passée aussy
devant moy dit notaire, expediée en original comme
l'autre susdite, en datte du XXIIIᵉ dudit mois de mars

---

1. La somme prêtée n'était que de 10,000 livres, le
reste représentant les intérêts pour quelques mois fut
diminué du capital dans le courant de 1656.

dernier, qui a esté aussy remize ez mains de moy dit
notaire et sera aussy incerée au pied dudit présent
contract, de laquelle somme de dix mille six cens vingt
cinq livres ledit Sabatier audit nom s'est chargé et
charge pour l'employer à l'effect porté par la desliberation desdits Estatz dudit jour VIIIᵉ mars, et par la pro
curation desdits sieurs scindicz, sans aulcung divertissement; et ledit sieur de Joubert, audit nom, promet
à ladite damoiselle de Bejard de luy payer ladite somme
de dix mil six cens vingt-cinq livres de ce jourd'huy en
ung an precizement, à payne de tous despans, dom-
maiges et intherestz, et en cas elle ne lui seroit pas
payée ledit jour, les intherestz d'icelle courront à raison
de l'ordonnance du roy jusques au jour de l'effectuel
payement, sans aultre demande ny interpellation judi-
cielle ny extrajudicielle, au chois néantmoings de ladite
damoiselle de Bejard de se fere payer, sy bon luy
semble, incontinent que le terme sera escheu ; et pour
ce dessus tenir et garder, ledit sieur de Joubert au nom
et en la quallité qu'il procede, comme il a esté dict cy
dessus, oblige et yppotheque envers ladite damoiselle
de Bejard tous et chacungs les biens du général et
particulier de ladite province, conformem:nt à ladite
desliberation des Estatz et procuration de sesdits collegues qu'a soubzmis aux rigueurs des Courtz de M. le
senechal, presidial et petit scel dudit Montpellier et
autres du présent royaulme premier requizes, ainsy l'a
juré et renoncé à tous droictz contraires.

C'est l'inceré de la susdite desliberation des Estatz et
des deux procurations cy dessus mentionnées.

*Desliberation prinƺe par les gens des trois Estats
du pays de Languedoc assemblés par mandement du
roy en la ville de Montpellier au mois de mars
1655. Du VIIIᵉ dudit mois de mars: president Mon-*

seigneur l'archevesque de Narbonne. Les Estatz, dezi-
rans prouvoir au payement tant des sommes deues par
la province pour le dernier payement du don gratuit
accordé au roy par les Estatz de l'année derniere 1654,
que de celles qui furent emprumptées pour le premier et
second payement dudit don gratuit, desquelles le terme
escheoit au prochain mois d'apvril, dont les creantiers
demandent leur rembourcement, et estant necessaire
pour satisfaire aux conditions dudit don gratuit de
l'année derniere et pour conserver le credit de la province, de payer les creantiers quy se treuvent voulloir
leur payement, ont desliberé et arresté que par les
scindicz generaulx il sera emprumpté jusques à la
somme de cinq cens mil livres, sçavoir trois cens mil
livres en ceste province y comprins cent cinquante huit
mil deux cens trente cinq livres six sols trois deniers
quy ont esté emprumptés cy devant, sçavoir cent trente
mil livres du sieur de Paulhan, et vingt huit mil deux
cens trente cinq livres six sols trois deniers du sieur
de Belleval en vertu d'autre deslibération de la province
du Languedoc du présent mois, laquelle n'aura lieu
que pour les emprumptz desdites deux partyes tant
sullement. Et la somme de cent quarante ung mil sept
cens soixante quatre livres treize sols neuf deniers restante desdites trois cens mil livres seront emprumptées
en vertu de ceste desliberation de telles ou telles personnes qu'il sera advizé, et les deux cens mil livres
restans seront emprumptées en la ville de Paris par
obligations à intherestz ou constitutions de rentes ; et
pour le faict desditz emprumptz il sera deslivré par
lesdits sieurs scindicz deux procurations originelles,
sur lesquelles seulles et veue la présente desliberation
ils feront les emprumptz jusques à concurrence de ladite
somme de cent quarante ung mil sept cens soixante
quatre livres treize sols neuf deniers en ceste province

et deux cens mil livres en la ville de Paris ou allieurs, lesquelles procurations seront deschargées par les notaires quy recepvront les contractz desdites obligations à mezure des emprumptz ou constitutions de rentes, en sorte que lorsque lesdites sommes seront emprumptées, lesdites procurations ne puissent plus servir de rien ; donnant pouvoir auxdits scindicz de passer, pour l'assurance de ceulx qui presteront en ceste province ou en ladite ville de Paris, tous contractz d'obligations ou constitutions de rentes necessaires, et d'obliger les biens du general et particulier de ladite province à condition qu'ils remettront les sommes emprumptées ez mains de Mᵉ François Le Secq, tresorier de la bource, qui les employera sans divertissement, tant au payement de ce quy est deub au Roy de reste dudit don gratuit de l'année derniere, payement des communaultés, prinzes des galleres et autres assignés sur ledit don gratuit, ou acquittement des debtes de la province, comme dessus est dict. C. L. de Rebé, archevesque de Narbonne, prezident. Du mandement de mesdits seigneurs des Estatz, Guilheminet, signés.

L'an 1665 et le 21ᵒ jour du mois de mars avant midy, dans Montpellier, devant moy notaire et tesmoings basnommés a esté en personne M. Mᵉ Pierre de Roux Montbel scindic general du païs de Languedoc, lequel estant sur le poinct de partir de ceste ville pour s'en retourner à Carcassonne, et affin que par son absance dudit Montpellier les affaires de la province ne demeurent retardées, ledit sieur de Roux a, par ses présentes, faict et constitué son procureur-special et general quand à ce M. Mᵉ Pierre Baptiste Joubert, aussy scindic general dudit pays, pour tant en leur nom que de Mᵉ Pierre de la Mamie, leur collegue, quy est presantement à Tholose et au nom de ladite

province de Languedoc, en vertu de la desliberation
sur ce prinze par messeigneurs les gens des trois
Estatz dudit pays, ce 8ᵉ du present moys, emprumpter
dans ladite province, d'une ou plusieurs personnes, à
intherestz au denier seize, suivant l'ordonnance du Roy,
pour le temps que par eux sera advizé, la somme de
cinquante mil sept cens septante deux livres quatorze
sols, restante à emprumpter de la somme de trois cens
mil livres que lesdits seigneurs des Estatz ont donné
pouvoir d'emprumpter dans ladite province pour les
cauzes et considerations rezultantz de la susdite desliberation dudit jour 8ᵉ du present mois, et pour raison
de ce, passer tous contractz d'obligation necessaires au
proffict des creantiers et pour la validité d'iceulx obliger
les biens du general et particulier de ladite province à
toute rigueur de justice, à la charge par ledit sieur de
Joubert de remettre en mesme temps tous les deniers
desdits emprumptz ez mains de M. Mᵉ François Le
Secq, conseiller et secretaire du Roy, tresorier de la
bource dudit pays quy s'en chargera en cas recepvant,
pour les employer sans aulcung divertissement à l'effect
porté par ladite desliberation des Estatz ; et les notaires
quy recepvront lesdites obligations seront tenus de
descharger d'aultant ladite présente procuration et desliberation, affin qu'apres que la susdite somme de cinquante mil sept cens septante deux livres quatorze sols
sera achevée d'emprumpter ladite presente procuration
ne puisse plus servir de rien, ainsy qu'il est porté par
ladite desliberation et aultrement et tout ce dessus
faire comme ledit sieur de Montbel et ledit sieur de la
Mamye pourroient faire s'ils y estoient en personne,
quoyque le cas requiert mandement plus expres, avec
puissance de substituer et eslire domicile suivant
l'ordonnance, promettant ledit sieur de Roux agreer et
ratifflier, sy besoing est, tout ce que par ledit sieur de

Joubert, son procureur, sera sur ce faict, ne le revocquer et le rellever indempne de la charge de ceste procuration soubs les obligations à ce necessaires. Faict et passé dans l'estude de moy dit notaire, présens noble Jean de Cassaigne, sieur de Condom, habitant de la ville de Narbonne, et Marc de la Chapelle, escuyer, habitant de Carcassonne, signés avec ledit sieur constituant et de moy Pierre Sabatier, notaire royal dudit Montpellier, de ce requis soubzigné. De Roux Montbel scindic general, Cassaignes, présent, Marc de la Chappelle. C'est l'original, Sabatier, notaire, ainsy signés.

L'an 1655 et le 23ᵉ jour du mois de mars avant midy dans Montpellier, devant moy notaire et tesmoings basnommés feust present en personne M. Mᵉ François Le Secq, conseiller et secretaire du Roy, trezorier de la bource du pays de Languedoc, lequel estant pressé pour s'en aller à la Cour pour affaires importantes à la dite province a faict et constitué son procureur special et general quand à ce Mᵉ Guilhaume Sabatier, employé aux finances, pour et en son nom et pendant son absance intervenir à la passation des obligations quy seront faictes par Mᵉ de Joubert, scindic general dudit pays de Languedoc, tant pour luy que pour et au nom et comme procureur de Messires de la Mamye et de Roux Montbel, ses collegues, jusques à la somme de cinquante mil sept cens soixante doutze livres quatorze sols, quy reste à émprumpter de la somme de trois cens mil livres que messeigneurs les gens des trois Estatz dudit pays ont desliberé estre emprumptée en ceste province pour partye de la somme de cinq cens mil livres contenue en la desliberation par eulx prinze le 8ᵉ du présent mois de mars et recepvoir des mains dudit sieur de Joubert les sommes quy seront contenues ezdites obligations, dont il se chargera en vertu de la

presente procuration au nom dudit sieur Le Secq
constituant, pour estre par luy employées sans aulcung
divertissement à l'effect porté par la desliberation desdits seigneurs des Estalz dudit jour 8e du présent mois,
suivant et conformément à icelle, et aultrement en ce
dessus faire comme ledit sieur constituant feroit ou
faire pourroit s'il y estoit en personne. Promettant le
tout agréer, ratiflier et confirmer, sy bezoing est, tout
ce que par son dit procureur sera sur ce faict, ne le
revocquer et le rellever indempne de la charge des
presentes soubz les obligations, juremens et renonciations
à ce necessaires. Faict et passé dans mon estude, présens Me Pierre André et Gabriel Laboissiere, habitans
dudit Montpellier, signés avec ledit sieur constituant
et de moy Pierre Sabatier, notaire royal dudit Montpellier, soubzsigné à l'original. Le Secq. Laboissiere.
André. C'est l'original, Sabatier, notaire, aussy signé.

Lesquelles susdites desliberation et procurations sont
originellement dans une liasse des actes remizes ladite
prezante année comme il a esté dict cy-dessus.

Faict et passé dans le lotgis et en la presance de
M. L. René d'Audessan, seigneur de Guilhory, conseiller du Roy en la Cour des Comptes Aydes et Finances dudit Montpellier, et de Me Pierre André, employé aux finances, habitans de ladite ville signés avec
les parties et de moydit notaire.

(Signé) Joubert, sindic general du Languedoc.

M. Bejart. Sabatier, d'Audesen, tesmoing.

André. Sabatier.

(Au dos de la copie est écrit de la main de Madeleine : « Obligation des Estats de Languedoc à mon
proffit. »)

1668. — 1er Février.

CANCELLATION DE L'ACTE PRÉCÉDENT

Le premier jour du mois de febvrier MVI soixante huit le presant contract d'obligation a esté cancellé par moy notaire royal soubsigné, à la requisition de M. Me Françoys Le Secq, tresorier et receveur general de la bource des Estats du pays de Languedoc aussy soubsigné, et en vertu de la quittance de dix mil livres que madamoyselle Magdeleine Bejard, creantiere, à faite à mondit sieur Le Secq, comme receue comptant de luy par les mains de Me Louis Parquet son commis pour reste du contract en ladite obligation ; ladite quittance passée devant Mes Le Semellier et de Sejournant, notaires au Chatellet de Paris, et par eux expediée originellement le XXIe jour du mois de janvier dernier ; laquelle me donne pouvoir de faire la presente cancellation, laquelle dite quittance ledit sieur Le Secq a exibée et apres retirée pour luy servir à fere descharger l'article desdites dix mil livres emploiés en despance dans le compte par luy randu auxdits Estats de son administration de l'année 1664, arresté à Beziers le XXIX janvier 1665. A laquelle quittance je me raporte.

(Signé) LE SECQ. SABATIER [1].

1668. — 21 Janvier.

QUITTANCE DE MADELEINE BÉJART MENTIONNÉE DANS L'ACTE PRÉCÉDENT

En presence des notaires gardenottes du Roy nostre sire en son Chastelet de Paris soubzsignés, damoiselle Madelaine Bejard demeurante à Paris, rue St-Honoré

L'original de l'acte se trouve p. LI verso à LIV verso d'un registre in-4 mss. de l'étude de Me Coste, notaire

parroisse St-Eustache, a reconnu et confessé avoir receu
comptant de Me François Le Secq, conseiller du Roy,
tresorier de la bource de la province de Languedoc par
les mains de Me Louis Parquet son commis à ce present, qui luy a baillée et payée comptant, present lesdits
notaires soubzsignez, en escus d'or, louis d'or et d'argent
et autres monnoyes, le tout bon, la somme de dix mil
livres cy restant à payer de la somme de dix mille six
cens vingt cinq livres cy-contenues en l'obligation faicte
au proffit de ladite damoiselle par M. Me Pierre Joubert, scindic general du pays de Languedoc, faisant
tant pour luy que comme procureur de Mres de la Mamie
et de Roux Montbel ses collegues, par procuration
dattée, et en oultre par ladite obligation passée par
devant Sabatier, notaire royal de Montpellier, presens
tesmoins, le premier jour d'apvril mil six cens cinquante
cinq pour les causes y portées, et la somme de trente
neuf livres tournois pour trois sepmaines des interests
de ladite somme de dix mil livres escheue au jour de la
sommation desdits seigneurs de Languedoc, en date
du vingt deuxiesme janvier 1665, signiffiée par Poisonier
huissier au Chatelet à la requete de Me Pierre de Roux
sieur de Montbel, sindicq de ladite province, et la somme
de sept livres qui ont esté desbourcés pour les frais
d'offres de deniers, de laquelle somme de dix mil livres
tournois, ladite damoiselle Bejard se tient contente et
en quitte lesdits sieurs de Languedoc, ledit sieur Le
Secq et tous autres, et ce faisant, a presantement rendu
audit Parquet l'expedition de ladite obligation comme
acquittée, sur laquelle et sur la minute d'icelle elle

à Montpellier, registre provenant de Sabatier l'un de
ses prédécesseurs. Nous profitons de cette circonstance
pour remercier M. Coste de la bienveillance avec laquelle il nous a communiqué ses précieuses minutes.

consent qu'il soit escript et faict mention en sommaire
du present payement par les premiers notaires qui en
seront requis à la seule exhibition des presentes, sans
que pour ce sa presence en soit requise, ce que ne
servira ensemble que d'un seul et mesme acquit ; promettant, obligeant, renonceant.

Faict et passé en la maison où ladite damoiselle
est demeurante, l'an mil six cens soixante huit, le vingt
uniesme jour de janvier après midy, et ont signé :
M. Bejart. Parquet. Le Semelier. De Sejournant [1].

Les intérêts des sommes prêtées étaient
servis à époques variables et même avec une
irrégularité dans l'espèce qui a quelque chose
de singulier. Les retards que révèle le reçu
ci-dessous ont pu être remarqués dans le ré-
cépissé définitif du capital. Faut-il les attribuer à la mauvaise gestion de la créancière
ou au manque de fonds dans les caisses du
Languedoc ? Cette dernière supposition ne paraît pas la vraie. Les États, par exploit d'huissier en date du 22 janvier 1665, donnèrent
ordre à Madeleine d'avoir à se faire rembour-
ser [2]. Comment se fait-il qu'elle n'ait pas
procédé à cette opération avant le 21 janvier

---

[1] Archives de Languedoc. États provinciaux.

2. Probablement par suite du remboursement général
des rentes ordonné par arrêt du 24 mai 1664 et par la
déclaration du 4 décembre même année. Voy. Ormesson, *Journal*.

1668, et surtout comment expliquer que le mandat des intérêts échus le 3o janvier 1662 n'ait été payé que ce même jour 21 janvier 1668, avec *six ans de retard !* Déjà l'examen des dates des premiers récépissés permettrait d'accuser Madeleine de négligence [1]. Cette maladie incurable dite *insouciance d'artiste* faisait-elle déjà des ravages parmi les fondateurs de la Comédie-Française ?

Nous reproduisons ci-dessous, en manière de spécimens, un mandat et une quittance.

1659. — 1er Décembre.

MANDAT DE PAYEMENT D'INTÉRÊTS AU PROFIT DE MADELEINE BÉJART.

Monsieur le tresorier de la bource des Estatz du pays de Languedoc Me François Le Secq, nous vous mandons et ordonnons que des deniers de l'imposition qui sera faicte la présente année pour les debtes et affaires de la province, vous payés et deslivrés comptant, aux termes de ladite imposition, à Mademoiselle Bejart la somme de six cens vingt-cinq livres pour l'interest à l'ordonnance de la somme de dix mil livres que la province luy doibt et pour un an finissant le dernier décembre mil six cens soixante et en rapportant le presant mandement endossé de quittance ladite somme vous sera passée et allouée en la despence de vos comptes sans difficulté. Faict à Toulouse ce premier jour du mois de decembre mil six cens cinquante neuf. (Signé) : Fouc-

---

[1] Le mandat des intérêts d'avance de l'année 1660 fut ordonnancé le 1er décembre 1659 et payé seulement

quet, archevesque et primat de Narbonne, président.

Au verso est écrit de la main de Madeleine Béjart :

J'ay receu de monsieur Le Secq la somme de sis cent vinct sincq livres pour l'interest de l'année mil sis cent soixante suivant le mandement cy-deriere escrit, de quoy je le quitte. Faict à Paris, ce tresiesme octobre 1661. BÉJART[1]. (*Sic, avec l'accent.*)

III

(Voy. ci-dessus, p. 63.)

Conti avait quelque sujet de s'élever contre les spectacles en Languedoc, Molière les y ayant ennoblis et mis en faveur. Cette campagne était encore une entreprise janséniste. On n'ignore pas, en effet, que les jésuites avaient accepté la comédie, ou, si l'on aime mieux, le drame dans le sens le plus large

---

le 13 octobre 1661. Celui de même somme pour intérêts d'avance de l'année 1661 fut ordonnancé le 12 mars même année; le payement n eut lieu que le 13 octobre.

[1] Il y a plusieurs traits de ressemblance entre l'écriture de Molière et celle de Madeleine. Tous deux tenaient leur plume presque horizontalement, de telle sorte que souvent l'une des ailes de celle-ci doublait des lettres au-dessous des traits principaux tracés par le bec. Comparez entre autres le reçu de Madeleine du 30 décembre 1661 à celui de Molière du 24 février 1656 (exemple le mot *jour* dans le *fac-simile* de la *Découverte d'un autographe*, etc., 1873, brochure déjà citée).

de ce mot, comme un moyen d'enseignement. Leurs élèves distingués chaussaient le cothurne et le brodequin en maintes occasions, et leurs principaux colléges avaient même le privilége de représenter des ballets où les notabilités des villes en grand concours étaient admises. De tout temps, d'ailleurs, le clergé, depuis le nonce jusqu'au simple vicaire, avait considéré le théâtre comme une distraction permise ou tout au moins tolérée ; il y avait même pris une part active du temps des mystères. Nous avons lu l'éloge enthousiaste du théâtre de Molière par le jésuite Maury (1664). Les ecclésiastiques, pendant vingt-cinq ans encore, fréquentèrent la comédie interdite depuis 1657 aux officiers de Conti. Il fallut des ordonnances sévères et la menace de l'excommunication pour faire renoncer les prêtres à des habitudes aussi anciennes que l'art dramatique et que l'Église.

I. *Ordonnance qui défend la comédie aux ecclésiastiques.* — CHARLES DE PRADEL, par la grâce de Dieu et du St-Siége apostolique, évesque de Montpellier, etc., sur ce qui nous a esté représenté par nôtre promoteur qu'il y a des ecclésiastiques de notre dioceze qui, au mépris de leur estat, lequel doit les éloigner de tout ce qui en peut blesser la sainteté, et contre la pureté des mœurs dans laquelle ils sont obligés de vivre, vont à la comédie, au grand scandale des laïques et surtout de nos frères errans, et sans considérer qu'ilz sont le

sel de la terre et la lumière du monde, autorisent par
leur présence des spectacles pernicieux qui par des
charmes flatteurs et empoisonnés portent la contagion
dans les âmes par les yeux et par les oreilles et ouvrent
par un mauvais exemple un chemin dangereux aux
fidèles, au lieu de les édifier par la bonne odeur d'une
vie ecclésiastique; à ces causes nous avons deffandu et
deffandons, à peine d'excommunication, à tous les
ecclesiastiques de notre dioceze, de quelle qualité et
condition qu'ilz soient, d'aller à la comédie. Et, afin que
personne ne puisse prétendre cause d'ignorance, enjoignons qu'à la diligence de nôtre promoteur, notre présente ordonnance sera affichée aux portes des églises
paroissiales de cette ville. *Donné à Montpellier dans
nôtre palais épiscopal le 3 d'octobre 1684.*

II. *Ordonnance pour défendre la comédie et
l'opéra aux ecclésiastiques.* — Charles, etc. Sur ce
qui nous a esté représenté par nôtre promoteur, que
dans la dernière ordonnance par nous faite pour deffendre
aux ecclésiastiques de notre diocèse et aux étrangers
d'aller à la comédie, nous n'avons pas fait mention de
l'opéra et que pour éviter les prétextes dont ils pourroient se servir dans cette occasion, il nous plaise de
leur faire une nouvelle deffense d'assister à ce dernier
spectacle, qui ne doit pas estre moins deffendu que
le premier puisqu'il n'est pas moins dangereux; à ces
causes nous avons deffendu et deffendons, à peine d'excommunication *ipso facto*, à nous réservée, à tous les
ecclésiastiques de notre diocèse et aux étrangers qui
y passeront, ou y feront quelque séjour, d'aller à la comédie et à l'opéra; et affin que personne n'en prétende
cause d'ignorance, enjoignons qu'à la diligence de nôtre
promotteur nôtre ordonnance sera lûe et publiée au
prône des églises paroissiales de cette ville et affichée
aux portes d'icelle. *Donné à Montpellier dans nôtre*

palais épiscopal le 16 juin 1689. (Recueil ms. des
ordonnances de Mgr. de Pra iel.)

Dernière remarque et conclusion de ces
ordonnances : des années où le rigorisme janséniste commença d'imposer ses usages aux
ecclésiastiques datent les commencements de
la transformation du *Tartuffe*. Les politiques
de dévotion avaient réussi. L'ombre allait
grandir et s'épaissir sur les modèles de *l'Imposteur*, les allusions du tableau et ses premiers peintres.

NOTES

I. — Sur les Pièces justificatives.

Du principal document que nous publions il ressort, avec évidence, que la troupe de Molière vivait en Languedoc sur un très-grand pied. On doit renoncer à s'apitoyer, comme l'ont fait beaucoup d'écrivains et de biographes, sur le sort « malheureux » de ces « pauvres comédiens de campagne », gagnant péniblement leur subside quotidien. Déjà Léon Galibert, l'auteur regretté des *Pérégrinations de Molière* (1858), avait découvert dans Mlle Béjart la créancière, pour une forte somme, des étapiers du Languedoc. Nous avons vu Molière encaisser 6,000 livres dans les bureaux du trésorier Le Secq, en février 1656 (*Autographe* publié en 1873), et voici que notre nouveau document montre Madeleine Béjart dans un groupe de privilégiés d'élite, prêtant les miettes de son superflu à la plus riche des provinces de France. C'était une singulière faveur, dans ce temps-là, que d'être admis à participer aux opérations financières de ce genre ; la rente n'était pas démocratisée, et ne prenait pas qui voulait « de l'emprunt. » Ainsi, ce sera un fait acquis désormais à l'histoire du théâtre : lorsque Molière vint s'établir à Paris, pour toujours, il était de beaucoup au-dessus du besoin ; ses campagnes de Languedoc lui avaient permis d'économiser de beaux écus trébuchants. Les documents mis en lumière font toucher du doigt des valeurs représentant plus de cent mille livres de nos jours.

Cette note serait incomplète si nous ne donnions la liste des rentiers qui se trouvèrent associés à Madeleine Bejart pour prêter au Languedoc les capitaux que cette province demandait. On verra que la comédienne marchait de pair avec la meilleure compagnie, ensemble que sa quotité n'était pas la plus modeste de toutes.

Le trésorier Le Secq, en son nom personnel	19,357 liv.
Pierre Sabatier, de Montpellier	16.000
Marie, notaire à Montpellier	16,000
Soulas, conseiller au sénéchal de Montpellier.	30 000

Demoiselle Marie Esmery.	6,000 liv.
Henriette de Laval, née de Senecterre. .	16,000
Jacques Esmery, conseiller à la Cour des Aides de Paris.	36,000
Léonard Fleureau, conseiller et secrétaire du Roi.	24,000
Nicolas Lambert, conseiller et secrétaire du Roi.	48,000
Jean de Bonnal, seigneur de la Baume Navacelle.	6,000
De Sapte del Puget, conseiller au Parlement de Toulouse.	27,000
Jean de Gailhard, châtelain de Frontignan	6,000
De Gabriac.	15,059
François de Bousquet, baron de Montlaur.	49,932
De Ricard, conseiller à la Cour des Aides de Montpellier.	3,000
Anne de Solas, née de Massilian.	31,000
De Belleval, conseiller à la Cour des Aides de Montpellier	28,235
Jean de Veirac, baron de Pavilhan et Saint-Pol, père de la comtesse de Crussol d'Uzès.	130,000
De Papus, conseiller au Parlement de Toulouse.	20,000
Bonefons	11,000
Dame de Sérignan de Cavoye	48,000
De Greffeuille.	3,600
Louis de Soliniac, professeur à l'Université de Médecine de Montpellier.	10,000
Louis de Saint-Bonnet, marquis de Thoyras.	34,000

Jean de Fleires, évêque de Saint Pons. . 113,176 liv.
Le comte de Roure, lieutenant de Roi
  en Languedoc   20,177

II. — RENÉ D'AUDESSAN (témoin cité), p. 106.

Il s'agit ici d'un magistrat de Montpellier que
ses goûts et ses antécédents appelaient d'une
manière toute naturelle à servir de témoin à
l'aimable comédienne. On voit même qu'il lui
faisait les honneurs de son « lotgis ». René
Haudessens, baron de Beaulieu, sieur de
Guillory, fils de Laurent Haudessens, notaire
au Châtelet de Paris, était beau-frère du
célèbre Laffemas, homme de théâtre aussi, à
ses heures. Tallemant des Réaux a consacré
une notice aux exploits de jeunesse de Haudessens (édition de 1856, t. V, p. 77), ce qui
nous dispense d'entrer dans plus de détails
sur cet homme du monde et ce bon vivant, si
bien fait pour être l'ami des gens de théâtre.

INDEX

NOMS PROPRES DE LIEUX

ET DE PERSONNES

Aix, 90.

Alembert (d'), 69.

Alet (l'évêque d'). Voy. Pavillon.

Amsterdam, 5.

André (Pierre), 106.

Arétin (l'), 13.

Arnauld, 55.

Audessan ou Audesen. Voy. Haudessens.

Auger, 51.

Augustin (saint), 15.

Autun, 71.

Avignon, 63.

Ballard (Robert), 40.

Barthélemy (M. Ed. de). 18, 21, 63, 67, 68, 70.

Beaulieu (bon de). Voy. Haudessens.

Béjart (Armande), 99.

Béjart (Madeleine), 97 et suiv.

Belleval (de), 117.

Belzunce, 32.

Belleval (sr de), 102.

Berger-Levrault, 41.

Béziers, 92.

Billaine (Louis), 22, 30, 40.

Bizancourt (de), 40.

Boileau, 43, 53, 61.

Bonefons, 117.

Bonnal (Jean de), 117.

Borromée (St Charles), 15.

Bossuet, 27.

Bosquet, 18.

Boude (Jean), 16.

Bouhours (le P.), 32.

Une faute typographique qui s'est produite au moment du tirage a travesti le nom de Saint-Taurin en celui de Saint-Tarun, nous signalons ce lapsus au lecteur.

AVIS

AUX BIBLIOPHILES

et

CONSIDÉRATIONS

SUR LA

TYPOGRAPHIE ELZÉVIRIENNE

A disposition matérielle et l'impression de ce petit volume sont imitées des plus belles éditions des Elsevier de Leyde et d'Amsterdam. Déjà, avant nous, plusieurs essais de rénovation dans ce genre avaient été tentés. On vit de jolies éditions faites par les soins de Motteley, chez Didot, et l'on remarqua particulièrement de petits volumes imprimés chez Panckoucke par J. Chenu.

Les *Chroniques de Gargantua*, publiées en dernier lieu par ce bibliophile pour faire suite au *Rabelais* des Elsevier, présentaient une jus-

P

tification typographique identique à celle des imprimeurs hollandais : même nombre de lignes à la page, même compte de lettres dans la ligne; mais les caractères employés étant d'une forme toute moderne, on ne retrouvait pas là la véritable physionomie des éditions si élégantes et si nettes prises pour modèles. Le caractère trop compacte était comme étouffé dans des lignes sans jour suffisant, et, outre l'inconvénient d'une lecture difficile, les pages trop pleines présentaient un aspect lourd et disgracieux.

Nous avons pensé que ces essais d'imitation de la typographie des Elsevier pouvaient être repris sur de nouvelles bases. Rejetant absolument les lettres de forme moderne, nous avons d'abord choisi parmi les caractères de forme archaïque ceux qui nous ont paru pouvoir se prêter le mieux à ce genre de reproduction. Il convient de faire remarquer que les caractères des Elsevier ne furent pas les mêmes pour toutes leurs éditions. Ainsi les caractères qui servirent pour l'impression du fameux *Pastissier François* sont beaucoup plus forts que ceux du joli *Régnier* de 1652, lesquels sont aussi plus petits que les caractères avec lesquels on imprima le *Molière* de 1675. C'est ce dernier ouvrage que nous avons

choisi comme type. Nous en avons suivi aussi
fidèlement que possible la justification typographique ; nos pages sont exactement de la
même hauteur. Mais, tout en conservant ces
dispositions matérielles, nous nous sommes
appliqué à éviter le grave inconvénient, —
souvent reproché aux éditions des Elsevier,
— de trop fatiguer les yeux des lecteurs.
Pour ces motifs, nous avons dû employer un
caractère elzévirien légèrement plus rond à
l'œil, beaucoup plus lisible que l'ancien,
dont il conservait cependant la physionomie.
Comme corollaire indispensable de cette amé-
lioration, nous avons espacé davantage les
lignes, jetant ainsi de la lumière dans une
proportion calculée pour rendre la lecture
facile et en même temps pour donner à la
page un coup d'œil élégant et harmonieux.

Quant au format, les papiers usités en
France ne répondaient pas au véritable format
petit in-12 hollandais du XVIIᵉ siècle. C'est dans
les papiers anglais seulement que nous avons
pu trouver solution de la difficulté. Nous
avons employé le format connu en Angleterre
aujourd'hui sous le nom de *foolscap*, qui est
un peu moins large que le format français dit
tellière. La feuille, pliée en in-12, nous a
donné des volumes de 147 à 148 millimètres

de hauteur sur 87 millimètres de largeur.
Quand on songe que la hauteur moyenne
des beaux Elzévirs reliés est de 132 à 135
millimètres, on comprendra que nous n'avons
dû guère nous écarter des dimensions du
véritable format elzévirien de la bonne
époque.

Dès la fin du xvie siècle, quelques imprimeurs eurent l'heureuse idée d'orner leurs
livres d'un titre gravé ou d'un frontispice
représentant en allégorie le principal sujet,
donnant en quelque sorte l'analyse icono-
graphique de l'ouvrage. Les Elsevier, ensuite,
se distinguèrent dans ce genre d'illustration;
leurs éditions sont, pour la plupart, ornées
de ces charmants titres gravés qui font l'admiration des connaisseurs.

Ces petites gravures donnaient aux volumes
sortant de leur officine un cachet spécial de
coquetterie artistique. Nous avons compris
que notre essai de reproduction serait in-
complet si nous ne faisions graver des frontis-
pices à l'imitation de nos modèles.

Un artiste de talent, M. H. Riballier, a bien
voulu nous prêter son concours. Nous lui
devons notre frontispice gravé qui est une
copie de la vigoureuse eau-forte attribuée à
Romeyn de Hooghe, un des maîtres de l'Ecole

Hollandaise, gravure que l'on remarque en tête du *Molière* des Elsevier (1).

L'ornementation intérieure de notre petit volume a été également l'objet de tous nos soins; nous avons reproduit exactement les mêmes lettres ornées, les mêmes en-têtes et les mêmes fleurons que ceux des éditions réellement elzéviriennes; on retrouve donc

---

(1) Les titres courants de notre volume portant : Le Tartuffe par Louis XIV, au lieu de : *le Tartuffe par ordre de Louis XIV*, on pourrait croire à une faute typographique et attribuer à un défaut d'attention cette divergence de rédaction. Nous croyons devoir donner les raisons qui nous avaient dicté le premier titre. Il y a trois opinions relatives à l'attitude de Louis XIV devant le Tartuffe. Les uns le regardent comme hostile, les autres comme indifférent, les derniers comme sympathique. Nous allons plus loin, nous disons dans ce volume que non-seulement le Roi s'est montré pour la pièce un protecteur zélé, mais qu'il a pris part à la composition en désignant à Molière et le genre d'hypocrites qu'il voulait voir ridiculiser et le dénoûment qu'il exigeait. Louis XIV a donc fait *le Tartuffe* comme il a fait Versailles et le Grand-Trianon. — Pendant l'impression des dernières feuilles on nous a fait observer que le mot *par*, tout court, pourrait paraître excessif à quelques-uns. Nous avons donc modifié le titre primitif et intitulé définitivement cette étude : Tartuffe par ordre de Louis XIV.

dans ce volume la *Tête de buffle*, la *Sirène*, la *Tête de Méduse*, le *Bûcher enflammé (Elsevier*, marque parlante), et les autres ornements caractéristiques et particuliers aux Elsevier.

Les amis des beaux livres nous diront si nous avons à peu près réussi à faire revivre la véritable typographie des Elsevier, dégagée de ses imperfections et mise au niveau des progrès de l'art actuel. Si ce petit volume est favorablement accueilli, nous nous trouverons suffisamment dédommagé de notre labeur par l'encouragement que nous en aurons reçu, et nous pourrons offrir par la suite aux connaisseurs une nouvelle collection de livres d'un format élégant et commode, qui, par la netteté de l'exécution et la pureté de la correction, pourra rivaliser avec les éditions les plus justement estimées et recherchées.

A. CLAUDIN.

LUTETIÆ PARISIORUM

Ex Officina ELZEVIRIANA Rediviva

Cura et impensis

A. CLAUDIN

TYPIS C. MOTTEROZ

A PARIS

De la nouvelle Typographie Elzévirienne

Par les soins et aux frais de

A. CLAUDIN

EN L'IMPRIMERIE DE C. MOTTEROZ

xxxi, rue du Dragon

———

cIɔ. Iɔ. ccc. LXXVII

TYPOGRAPHIA ELZEVIRIANA REDIVIVA

A. CLAUDIN, ÉDITEUR

LES

AMOUREUX DU LIVRE

SONNETS D'UN BIBLIOPHILE
FANTAISIES
COMMANDEMENTS DU BIBLIOPHILE
BIBLIOPHILIANA
NOTES ET ANECDOTES
PAR F. FERTIAULT
Préface du BIBLIOPHILE JACOB
SEIZE EAUX-FORTES
PAR JULES CHEVRIER

Magnifique volume in-8 de 444 pages, imprimé sur beau papier vergé à la forme, en caractères antiques par la Maison Louis PERRIN, de Lyon, titre rouge et noir.
Prix. . . . . 3o fr.

Il reste à peine quelques exemplaires de cette publication de grand luxe. Voici un extrait de quelques opinions de la presse :

« Lecteur, êtes-vous bibliophile? Si oui, que je me hâte de vous présenter ce livre, une merveille typographique qui nous rappelle ces anciens volumes où un éditeur mettait autrefois sa gloire sans songer à sa fortune, et qui se payaient cependant au poids de l'or, car de tout temps ils ont existé... les *Amoureux du livre...* » (*La Vie littéraire*, 14 déc. 1876.)

A. CLAUDIN, ÉDITEUR

« ... De l'illustration il faut faire un vif éloge. Les eaux-fortes de M. Chevrier ont une saveur provinciale qui ne nous déplait pas... La morsure est franche, le trait est rapide, la composition est toujours à l'effet. Ajoutons que ces eaux-fortes sans maquillage sont très-loyalement tirées, ce qui ne gâte rien. Ce sont de petits tableaux de nature morte, où le livre dans la variété de ses formats et de ses aspects et aussi les rats, qui sont les dangereux amis du livre, font les frais de la mise en scène. » (Chronique des Arts et de la Curiosité, supplément de la *Gazette des Beaux-Arts*, 16 déc. 1876.)

« Le nouveau venu est, disons-le de suite, le bienvenu que nous signalons avec joie à nos collègues les biblio-philes d'élite, est dans les heureux des heureux. A tous les agréments extérieurs qui sont les attributs d'un beau livre, il joint les qualités solides qui font les bons livres... M. Fertiault connaît son seizième siècle. Aussi croyons-nous qu'il y est allé chercher l'imprimeur et l'éditeur de son bijou de livre, tant celui-ci rappelle fidèlement ce que cette époque de floraison de la typo-graphie française a produit de beau, de gracieux et de parfait en ce genre. » (Dʳ ABEL JEANDET, *Journal de Clermont*, 27 décembre 1876.), etc., etc.

« Les *Amoureux du Livre* sont un livre-merveille, une œuvre splendide de science littéraire, artistique et typographique... Analyser une telle œuvre, ou même en donner une idée exacte, est difficile ; il faut surtout la lire, surtout la contempler pour la connaî-tre... C'est un monument érigé à *Biblos*, le vrai Dieu de l'Intelligence, dont le culte ne périra, quoi qu'on fasse, qu'avec les derniers membres de l'humanité pensante.... » (BOUÉ DE VILLIERS, *Union Républi-caine de l'Eure*, 23 février 1877.)

« M. Paul Lacroix a galamment donné, dans une jolie préface, le baptême à M. Fertiault. Désormais ce livre sera classé parmi les plus recherchés, et les *Comman-dements* de Fertiault seront le bréviaire du bibliophile.

> *Donc tes livres tu chériras*
> *Et tu tiendras amoureusement,*
> *Au couteau tu les couperas*
> *Sans frange et délicatement...*
> *Et sans dol rebouquineras*
> *Jusques à ton dernier moment.*

» Le joli livre en vérité ! Mieux que cela, le beau

livre! Chenier l'a enrichi de petites eaux-fortes spirituelles, comme les *Singeries* de Decamps. Perrin (de
Lyon) lui a donné ses plus élégants caractères. Voilà
M. Fertiault certain de vivre, de vivre de cette vie
souhaitée de tout homme qui tient la plume, de tout
artiste qui tient le pinceau ou le ciseau, c'est-à-
dire certain de se survivre. Heureux homme! Son
livre durera et son nom avec son livre!... » (JULES
CLARETIE, *Presse* du 26 décembre 1876.)

« ... Le livre de M. Fertiault, traité si amoureuse-
ment par son auteur et son éditeur, a obtenu un très-
légitime succès; il figure aujourd'hui sur les rayons
de toutes les bibliothèques des vrais amateurs d'ouvrages rares et précieux. » (*Le Soleil*, 2 mars 1877.)

———————

AVIS IMPORTANT

*Comme il nous reste à peine une douzaine
d'exemplaires des* AMOUREUX DU LIVRE *et que
nous ne pourrions suffire aux demandes qui
nous seraient faites directement, nous prions
les Amateurs de s'adresser de préférence aux
libraires d'assortiment qui pourraient en avoir
encore.*

*Les Amateurs qui achèteront ce beau livre
et voudraient en faire un exemplaire de choix
feront bien d'y joindre le*

TIRAGE ARTISTIQUE AVANT LA LETTRE

SUR VÉRITABLE PAPIER FORT DU JAPON

DES SEIZE EAUX-FORTES

DE JULES CHEVRIER

Pour illustrer les *Amoureux du Livre*. Un
album gr. in-8, élégamment cartonné avec
table explicative et titre spécial. Prix. 25 fr.

——— ———

LA VIE AU TEMPS

COURS D'AMOUR

Croyances, usages et mœurs intimes des XIᵉ, XIIᵉ et XIIIᵉ siècles, d'après les chroniques, gestes, jeux-partis et fabliaux par Antony Méray, 1876. Beau vol. in-8 écu, papier vergé, impression en caractères antiques, titre rouge et noir, fleurons et lettres ornées par L. Lemaire *(Presque épuisé.)*
7 fr. 50

Dans cet ouvrage remarquable « M. Méray a voulu nous montrer comment nos mères ont amené la France à devenir la terre classique de la galanterie et de l'amour raffiné... Il nous retrace fidèlement ces jeux d'esprit, ces distractions fines, piquantes, indiscrètes souvent et ne reculant pas devant les personnalités les plus malicieuses qui caractérisent si bien cette intéressante époque de notre histoire. C'est là, le principal attrait de ce livre, la partie la plus attentivement étudiée, celle que tous les efforts de l'auteur ont tendu à transformer en certitude historique... Toutes les traces de ce mystère de nos annales intimes, de cette page vraiment française, qu'il a été possible de réunir, se trouvent dans cet intéressant volume. » (*Écho* du 30 avril 1876.)

Imp. Motteroz, 31, r Dragon

www.ingramcontent.com/pod-product-compliance
Lightning Source LLC
Chambersburg PA
CBHW051730090426
42738CB00010B/2185